フラノマルシェは まちをどう変えたか

「まちの滞留拠点」が高める 地域内経済循環

石原武政・加藤　司・風谷昌彦・島田尚往　著

学芸出版社

はじめに

　商店街の空き店舗に注目が集まるようになったのは 1990 年代初頭であり、それ以降、各地で空き店舗対策事業が取り組まれた。しかし、90 年代の後半期には、特に地方都市を中心に、もはや単なる商店街の問題ではなく中心市街地全体が疲弊していることが問題だと認識されるようになった。1998（平成 10）年の「まちづくり三法」体制は、そうした時代の流れを象徴していた。それからおよそ 20 年の時が経過した。まちづくり三法は 2006（平成 18）年に大幅な見直しが行われ、2013（平成 25）年には中心市街地活性化法の再見直しも行われた。

　こうした大きな流れを受けて、多くの都市で中心市街地の活性化に向けた取り組みが行われてきた。それによって、実際に活気を取り戻した都市がないわけではないが、懸命の努力にもかかわらず、なかなか成果をあげることのできない都市が多いのも現実である。そして、2014（平成 26）年、政府はついに問題は地方都市そのものの衰退にあるとして、地方創生に本格的に取り組む姿勢を打ち出した。地方都市の活性化は今や国をあげての課題だと言っても過言ではない。

　しかし、地方都市の活性化はかつてのような大規模な開発や工場誘致によって達成できるものではない。人口の減少に歯止めがかかるめどは立たず、超高齢社会がさらに加速していく中では、かつてのような経済成長の継続を期待することは難しい。その中で地方都市の活性化を図ろうとすれば、地域における経済循環の仕組みそのものを作り変えていく必要があるのではないか。私たちの身体と健康になぞらえて言えば、大きな外科的手術を施すよりも、地味ではあるがじっくりと体質改善をはかり、免疫力のある体づくりを進める必要があるということである。問題は多面的であり、成果が現れるまでには相当の時間が必要かもしれない。それでも、それに

取り組まなければならない。それが私たちの共通の認識であった。

　多くの都市が模索を続ける中で、北海道富良野市の取り組みは間違いなく大きな成果をあげたと評価してよい。人口2万3000人にも満たない小さな都市で、まさに奇跡とも呼べるような成果が現れた。一体、富良野では何が行われたのか。富良野が成功事例だとすれば、そこから学ぶことはあるはずだ。では、私たちは一体、何を富良野から学ぶべきなのか。表面的な事業内容や事業手法を真似してみても始まらない。学べるものは都市によって違ってくるとしても、富良野から何かを学び取ろうとすれば、富良野の取り組みの深部に深く立ち入る必要がある。多くの複雑に絡み合う要因を解きほぐし、どのようにして体質改善を成し遂げることができたのかを、正確に理解することが欠かせない。

　富良野は数少ない成功事例として注目を集めているため、多くの賞を受けているし、すでに多くの紹介記事等も存在する。そんな中で、あえてここに1冊の書物としてまとめようとした意図は、ただこの1点に尽きている。本書で分析しているのは富良野の事例だけである。しかし、富良野がどのような経過の中で、どのように体質を改善していったのか。その神髄は全国の地方都市に広くあてはまる問題を投げかけていると信じている。本書が、地方都市の活性化に真剣に取り組もうとしている多くの関係者に少しでもお役に立つことを心から願っている。

2017年9月
執筆者を代表して
石原武政

contents

序章

なぜ人口約 2.3 万人弱の町で
年間約 100 万人の人が集まるのか

1 | 小さな都市の大きな実験

　富良野市は北海道の中心に位置する人口 2 万 3000 人弱の地方都市である。2000（平成 12）年には 2 万 6000 人を超えていた人口がその後減少を続け、2015（平成 27）年 10 月に 2 万 3000 人を割って以降も微減が続き、現在ではおよそ 2 万 2500 人程度となっている。2014（平成 26）年 5 月、日本創生会議人口減少問題検討分科会が発表した「消滅可能性都市 896 のリスト」では、「消滅可能性都市」の一つに数えられた[1]。2040 年の推計人口が 1 万 6600 人強であるため、「消滅可能性が高い」とはされていないが、予断を許さない全国の地方都市の一つであることに間違いなかった（ただし、2017 年に発表された推計では、2040 年の人口は 1 万 7552 人に増加している）。

　富良野の雪は北海道でも屈指のパウダースノーとして知られ、1977（昭和 52）年のアルペンスキーワールドカップ開催以降、数々の国際スキー競技大会も開催されてきた。スキー愛好家の間では古くから親しまれた都市であった。また、1976（昭和 51）年、当時の国鉄（現 JR）のポスターに飾られたファーム富田のラベンダー畑の鮮やかな写真は、圧倒的な迫力でラベンダーの薫りを届けるように観光客を惹きつけた。

　それでもまだ、その知名度は一部の人びとに限られたものでしかなかった。その富良野を一躍有名にしたのが、1981（昭和 56）年 10 月から始まった名作テレビドラマ「北の国から」であった。ドラマ自身は翌 1982（昭和 57）年 3 月までの半年間であり、1982（昭和 57）年 3 月の最終回には

視聴率 20％を超える大ヒットとなった。この大ヒットを受けて、ドラマ終了後も、1983（昭和 58）年 3 月から 2002（平成 14）年 9 月まで、8 回にわたってドラマスペシャルが放映された。その結果、富良野の名は断続的ではあるが、およそ 20 年にわたって広く全国に向けて発信され続けた。「富良野」と言えば、今でもドラマ「北の国から」を思い出す人は多いに違いない。

テレビドラマの威力は抜群で、富良野は北海道を代表する観光地となり、ドラマスペシャルの最終年となった 2002（平成 14）年には年間 249 万人を超える旅行者が訪れ、その後もやや減少傾向はあったものの、ほぼ年間 180 万人が訪れていた。まちとしての富良野の好感度は高い。地域ブランド綜合研究所が行う「地域ブランド調査（市町村ランキング）」では、2014（平成 26）年に全国 6 位、2015（平成 27）年に全国 7 位と、常に上位をキープしている。

好感度を伴った抜群の知名度を手に入れ、ラベンダー畑、スキー場とドラマロケ地といった観光資源をもつと言えば、他の地方都市からは羨望のまなざしをもって見られることは間違いない。しかし、市の中心部はほとんどその恩恵を受けたわけではなかった。ファーム富田は隣町の中富良野町に立地するし、スキー場もドラマロケ地も中心部からは遠く離れた周辺の山間部に立地する。多数の観光客が富良野を訪れるといっても、車やバスで観光拠点に直行し、観光拠点から直帰する。

他方、中心市街地では人口が減少し、高齢化が進む。それに対応するように、小売業の販売額も減少し、後継者難に悩む店が増え、地価も低下するなど、多くの地方都市と同じ問題を抱えていた。その観光客を中心部に惹きつけることは富良野にとっては古くからの課題であった。

その課題に向けた挑戦こそが 2007（平成 19）年に始まり、2010（平成 22）年にオープンにこぎつけたフラノマルシェであった。マルシェは中心部における商業施設であるが、初年度の来場者は 55 万人を超えた。その後、2014（平成 26）年には 2 期事業としてのネーブルタウン事業が竣工し

たこともあり、開業から7年を経過した今も来場者は増加し続けている。かつては年間6万人程度に過ぎなかった中心部への流入人口は、2016（平成28）年にはおよそ120万人を突破するまでになっている。その意味では、富良野の取り組みは間違いなく「成功事例」と評価することができる。

現在、多くの地方都市は地域活性化に向けて多くの課題に直面し、具体的な取り組みを模索している。はたして富良野から学ぶことはあるか。「富良野には観光資源も知名度もあったから」と言ってしまえばそれまでである。しかし、観光資源や知名度があっても、富良野は衰退への道を歩んでいた。何もしなければ何も変わらなかった。行動を起こすことによって初めて道が開けた。道を開いたのは富良野の人たちの行動である。安易に模倣できるような「秘訣」があるわけではない。しかし、富良野の取り組みの深部を探ることによって、それぞれの都市における取り組みに活かすことのできる「肝」に触れることができるのではないか。

本書ではこのような問題意識から、フラノマルシェ以降の取り組みを振り返ってみたい。事業の経緯をたどり、事業の客観的な評価を行いながら、なぜそのような成功を勝ち取ることができたのか、その成功要因を探ってみたい。

2 ｜ 本書の構成

以上のような問題意識に立って、本書は以下のように構成される。

まず、第1章ではフラノマルシェ事業に至る背景と経緯を簡単に振り返る。この点については、すでに当事者自身によって詳細に語られているので、ここではごく簡単な流れを振り返るにとどめている。詳細は、湯浅篤「病院跡地に民間主導で年70万人を呼ぶ商業施設を開発」石原武政編『タウンマネージャー 「まちの経営」を支える人と仕事』（学芸出版社、2013年）、西本伸顕『フラノマルシェの奇跡 小さな町に200万人を呼び込んだ商店街オヤジたち』（学芸出版社、2013年）を参照されたい。

富良野のマルシェ事業は国の中心市街地活性化法に基づく認定事業として実施された。「基本計画」には国のフォーマットに沿う形で目標と具体的な指標が設定された。第2章ではこれらの目標と指標が実際にどれだけ達成されたかを確認し、事業評価を行う上でさらに重要だと思われる評価の視点について議論している。なお、富良野市では中心市街地活性化法に基づく基本計画が新旧2度にわたって策定されているが、その詳細については、ホームページ等で参照可能なので、そちらで確認してほしい[2]。

　事業やイベントなどの成果を測る指標としてしばしば「経済効果」が取り上げられる。ある事業がその直接効果だけではなく、さまざまな波及効果を含め全体として地元経済に及ぼす影響を定量的につかもうというわけである。第3章では、産業連関表を用いた経済効果の測定手法によってフラノマルシェ、ネーブルタウンを含めたマルシェ事業全体の経済波及効果を分析した。この分析にあたっては、ごく控えめな前提を置いたので、実際にはこれ以上の効果があったものと考えている。

　中心市街地活性化に限るわけではないが、地域活性化の最終的な指標は地価に表現されるという意見は根強い。経済活動の「場」、あるいは投資対象の「場」として評価すれば、確かに最終的には地価に行きつく。第4章ではマルシェ事業前後における地価の動きを分析した。しかし、地価が最終的な成果指標だとしても、それは経済活動を敏感に反応するものとは言えないし、他の多くの要因の影響も受ける。このことを配慮して、より敏感な反応が期待できる不動産の取引状況にも注目した。

　以上は事業の客観的評価であるが、地域経済活動の評価の中で特に重要になるのは、時間軸の設定である。派手な事業で大きな効果をあげたといっても、それが一過性のものであればそれほど大きな意味はない。もっと持続可能な、地域経済の底力をあげることができるような取り組みが求められる。私たちはそれを地域内経済循環の中に求め、第5章で詳しく分析した。フラノマルシェが成功事例と評価できるのは、この地域内経済循環を刺激することに成功したからだと考えている。

しかし、フラノマルシェの成功要因を経済的側面だけから見るのは正当ではない。フラノマルシェ事業の目標は中心市街地の賑わい回復であり、回遊性の確保であり、市民の暮らしの向上であった。第6章ではコミュニティの再生に向けた取り組みを評価するとともに、経済的側面以外の成功要因を簡単に整理した。

　終章では、以上の分析を総括して、特に比較的小さな都市でもまちづくりは可能だということ、いや小さな都市だからこそできることがあるというメッセージを発している。

　本書を通しての私たちの意図は、富良野の取り組みを可能な限り客観的に、事実に即して評価すること、それに基づいて大きな成果をあげた背景として何が重要であったのかを確認することであった。現在、日本中の多くの都市が中心市街地の衰退に悩んでいる。政府も地方創生に向けて政策を強化しようとしている。それでもなかなか成功事例を見出すことは難しい。表面的な事業手法ではなく、富良野の取り組みの深部に分け入ることによって、多くの都市での取り組みに少しでも役立つことができればというのが、私たちの共通の願いである。

注
1　増田寛也編著『地方消滅―東京一極集中が招く人口急減―』中公新書、2014年。
2　http://www.city.furano.hokkaido.jp/bunya/chuushingai_kihonkeikaku/

第 1 章
フラノマルシェの軌跡

1 | 富良野のまちづくりの背景

1 事業の概要

　以下、フラノマルシェの事業を多面的に検証するが、それに先立って、フラノマルシェ開発事業の概要と背景を整理しておこう。

　フラノマルシェは 2010（平成 22）年 4 月にオープンした。その事業概要は以下のとおりである。なお、第 1 期事業のフラノマルシェは一部に事務所を含むが、施設全体が基本的には商業施設である。

フラノマルシェ開発事業の概要

実施期間	2007（平成 19）年度〜 2009（平成 21）年度
敷地面積	6634.16m²
延床面積	1336.01m²（うち 53.55m² が事務所）
駐 車 場	93 台（うち車いす使用者用 2 台）・駐輪場
事 業 費	施設整備費　2 億 7982 万 5000 円
財　　源	国庫補助金　1 億 3046 万 3170 円
	借　入　金　　　1 億 4500 万円
	自 己 資 金　　　436 万 1830 円

出典：『「フラノ・マルシェ」事業概要』2010 年による。

　フラノマルシェは順調な滑り出しを見せた。当初、年間 30 万人の入場者数を目標に掲げたが、わずか 5 ヶ月足らずの 9 月初めに目標を達成し、

その後も順調に入場者を増やしていった。

　そのマルシェ事業と一部重なる形で始まった第2期のネーブルタウン（東4条街区地区第一種市街地再開発事業）は2015（平成27）年6月に完成、グランドオープンした。その事業概要は下記のとおりである。

ネーブルタウン事業（東4条街区地区第一種市街地再開発事業）の概要

　実施期間：2009（平成21）年度〜2014（平成26）年度

施工地区面積	1万6559.96m²	
建築敷地面積	9569.66m²	
建築面積	4289.02m²	
延床面積	9012.82m²	
建築物用途	店舗併用住宅　8棟	
	介護付き有料老人ホーム　1棟	
	クリニック　1棟	
	院外薬局　1棟	
	住宅　1棟	
	認可保育所　1棟	
	商業施設・共同住宅・集会所　1棟	
	駐車場（3ヶ所）77台（うち車いす使用者用2台）	
事業費	総額　30億3283万7000円	
財源	補助金（国費＋市費）	10億1031万8000円
	保留床処分金	18億4655万3000円
	増床負担金（権利変換者）	3億4215万1000円
	民間事業者	4129万9000円
	富良野市（認可保育所）	11億円
	ふらのまちづくり株式会社（共同住宅）	5267万4000円
	コミュニティマネジメント株式会社（商業床）	3億1042万9000円[1]
	道路公管金（公共施設管理者負担金）	1億6996万6000円
	消費税還付金	600万円

出典：『富良野市東4条街区地区第一種市街地再開発事業「ネーブルタウン」事業概要』（2015年）による。

ネーブルタウン事業は商業施設部門マルシェ2のほかに、認可保育所、介護付き有料老人ホーム、コミュニティ施設、賃貸住宅などを含んでいる。このネーブルタウンによって市民にとってのたまり場機能が強化されたばかりでなく、観光客の吸引力も高まった。以下では、第1期事業（フラノマルシェ）と第2期事業（ネーブルタウン）の両者を含めた事業全体を指す場合、「（フラノ）マルシェ事業」と称するものとする。

② 駅前再開発事業と協会病院の移転

　マルシェ事業の計画は突然に持ち上がったわけではない。それは富良野市における中心市街地活性化の取り組みの中から生まれた。それも順調な事業展開の延長線上ではなく、初期事業への深い反省の中から生まれた。

　富良野の中心部におけるまちづくりは1990年代後半にまで遡る。1998（平成10）年3月に「都市計画マスタープラン」が策定され、翌1999（平成11）年3月には「市街地総合再生基本計画」が策定されている。ちょうどその頃、国の方では大規模小売店舗法の廃止が決定され、「まちづくり三法」体制への模索が始まっていた。三法体制は2000（平成12）年6月の大規模小売店舗立地法の施行によって完成するが、中心市街地活性化法（旧法）はいち早く1998（平成10）年から施行されていた。それを受けて、2000年8月に「富良野市TMO構想」が、そして2001（平成13）年7月には「中心市街地活性化基本計画（旧中活計画）」が策定された。さらに、2003（平成15）年10月にタウンマネジメント機関（TMO）として「ふらのまちづくり株式会社」が資本金1035万円で設立され、同11月20日にはTMO構想の認定を受け、第1期事業が始まった。

　その第1期中心市街地活性化計画の中核事業となったのが「富良野駅前地区第一種市街地再開発事業」であった。この事業は「土地区画整理事業との一体的な市街地開発事業により、高度な土地利用と都市機能の増進に向けて、駅前地区の魅力を高め活力と賑わいのある中心市街地の形成のために、市民の健康と体力づくり並びに交流の拠点づくり、商業の拠点づ

り、まちなか居住の拠点づくりを目的とする[2]」ものとされた。

　この再開発事業は、2007（平成 19）年 1 月に保留床の処分契約を完了し、同年 10 月に再開発株式会社が解散して事業を概ね終了した（正式完了は 2009 年 3 月）。同再開発事業の概要は以下のとおりである。

富良野駅前地区第一種市街地再開発事業の概要

実施期間：2002（平成 14）年度～2007（平成 19）年度

敷地面積　3963m²

建築面積　2134m²

延床面積　6520m²

施設構成

・中心市街地活性化センター（ふらっと）

　　健康増進施設（2207m²：25m プール、多目的プール、幼児プール、採暖用
　　　　　　　　　　プール、トレーニングルーム、多目的室）

　　地域交流施設（415m²：地域交流ホール、会議室）

　　商業支援施設（992m²：商業支援室 3 室）

・商業核施設（206m²：核店舗）

・公営住宅（1829m²：1LDK8 室、2LDK8 室、3LDK4 室）

・駐車場（52 台分）

事業費　合計　17 億 7772 万 8000 円

・補助金（国費＋道費＋市費）　　4 億 2467 万 6000 円

・保留床処分金　　　　　　　　13 億 5305 万 2000 円

　　全額富良野市（中心街活性化センター及び公営住宅）

出典：『富良野駅前地区第一種市街地再開発事業概要書』（2007 年）による。

　総事業費は 17 億 8000 万円弱で、うち補助金が 4 億 2000 万円強、残り 13 億 5000 万円強が保留床処分金で賄われたが、保留床の売却先はすべて富良野市であった。

　この事業で住宅を整備したことから、まちなか居住は 20 戸増加し、中心市街地活性化センター（ふらっと）の利用者も、初年度、計画の 4 万 8000

図1　ふらっと（第1期駅前再開発事業）　　　　　図2　相生通り商店街
（写真提供：富良野市中心街整備推進課　図1〜3）

人に対して8万6000人強を記録するなど、一定の成果を収めた。さらに、2007（平成19）年度に完成した駅前広場事業によって駅の交通結節点としての整備が完了し、JR富良野駅前は文字通り「富良野の玄関口」として生まれ変わった。

　それにもかかわらず、この第1期計画は必ずしも成功だったとは評価されていない。この事業には、上の直接の事業費の外に、移転補償費に30億円を要したため、総事業費は約55億円にも上り、当初計画は大幅に変更され、「夢のある計画はすべてボツとなり、結果は、多くの市民が期待したものとはおよそかけ離れた内容の、トーンダウンした」ものとなった[3]。しかも、補償費を受け取った地権者49名中26名が廃業ないし域外転出し、駅前の中心商店街であった相生商店街は事実上崩壊した。目的の重要な柱であった商業の活性化には程遠い結果となってしまった。

　この再開発事業の失敗は多くの教訓を残した。商店経営者の高齢化やすぐ後で述べる病院の移転といった要因はあったものの、中心市街地全体としては賑わいを取り戻すことはできなかった。この点について、中心市街地活性化第2期計画は「JR富良野駅前地域を重点地区として限定したことにより、商店街への回遊性を高めるための仕組みが不十分で、別の新たな観光拠点づくりによる中心市街地への回遊性向上の視点が不足していた」と総括している。ソフト事業についても同様で、観光客をまちなかに呼び

込む事業や拠点づくりの重要性が確認されている[4]。中心市街地全体への回遊性の向上は、それ以降、富良野における計画の重要な課題となる。

　中心市街地のエリア設定は常に議論となる点である。エリアを絞り込むと焦点が明確となり、事業も組み立てやすくなるが、まち全体に対する視野が薄れがちになる。と言って、エリアを広く設定すると、各地点への「公平な配慮」が主張され、事業の組み立てが難しくなるばかりか、しばしば事業主体の構築も困難になる。富良野市の第1期事業の場合、重点地区としての駅前に焦点が強く当てられ、全体への配慮が欠けるという問題をそのまま抱え込む結果となった。

　この計画策定に関わった事業者には、計画策定過程そのものへの不満も残した。彼らにとっては、説明会はコンサルが作成したプランの説明に終始し、実質的な議論にまでは至らず、経済性も十分に検討されたとは言えないように見えた。修正意見に対しても、「この計画は確定しているので変更は不可能」といった回答がなされ、まさに「事業ありき」の計画づくりとなっていたという[5]。

　この点自身は富良野市の計画づくりの「異常性」を表すものとは言えない。計画策定委員会とはいっても、実質審議が行われるのはせいぜい数回というのが一般的で、行政とコンサルによって構成される事務局に一部の学識経験者を加えたワーキンググループで調査の方向性や事業の柱が議論され、そこで作成された「原案」が委員会に提示される。委員会では、委員となった住民を含む各団体からの原案に対する意見や要望を受けて原案を修正するというのが普通である。原案は微修正されるが、根本的な変更が加えられることは稀である。これは多かれ少なかれ、多くの都市の計画づくりが共通して経験する問題であると言ってもよい。

　特に、後にフラノマルシェ事業の中心人物となる湯浅篤と西本伸顕も委員としてこの計画に関わっており、その中から強くこの進め方に疑問を抱いた。「まちづくりは、意見を言うだけであとは行政任せというスタイルではダメ」という思いが、2人の中で強く意識されるようになったという[6]。

それと並行するように持ち上がったのが、社会福祉法人北海道社会事業協会が運営する富良野病院（略称：協会病院）の移転問題であった。協会病院は富良野駅から再開発エリアの東側を五条通り商店街に沿って約600m南に下った国道38号線との交差点の手前に立地していた。富良野の中心市街地エリアのほぼ南端に位置していたことになる。

　2003（平成15）年に「へき地医療拠点病院」の指定を受けた同病院は施設の老朽化と狭隘化、中心部での拡張の困難性を理由に移転を表明し、2005（平成17）年に移転工事を開始、2007（平成19）年5月に駅の反対側に移転した。五条通りの商業者を中心に移転反対運動は起こったものの、「商店街のために病院があるのではない」ということで、移転は当初の予定通りに進められた。

　この協会病院は富良野地域の基幹病院で、年間延べ約16万人が外来受診し、300人の職員が勤務していた。これらの人びとの往来が中心部から駅の反対側に移る。さらに、病院の周囲に立地していた薬局や飲食・サービス業の中には、病院の移転とともに移転したり、顧客の減少によって閉店するものも現れた。その結果、病院の移転後、商店街の人通りは激減することになった。この危機が地元の商業者に「自分たちの力で何とかしなければならない」という意識を強く持たせることとなった。

　富良野商工会議所では病院跡地を利用した中心市街地のあり方を議論し、2006（平成18）年2月に『地域センター病院跡地利活用基本計画検討報告書（提言）』を市に提出した。しかし、市によって積極的に受け入れられないまま、2000坪にも及ぶ広大な跡地が中心市街地の中に空き地として放置されたままとなった。

　これがマルシェ事業が始まる直前の富良野市中心市街地の状況であった。とても「恵まれた環境」などと言える状態ではなかった。中心市街地は出口の見えない深い霧の中にあった。

③ 小売商圏と都市間競合関係

　フラノマルシェは単なる商業施設ではないが、核となったのが商業施設であることに間違いはない。その意味で、マルシェ事業が始まる前の富良野小売業の広域の商圏の様子をごく簡単に見ておこう。

　北海道の中心都市と言えば、いまや人口 200 万にも及ぶ札幌市である。札幌市には人口だけではなく、政治・行政機関や各社の本支店、商業施設などが集積している。しかし、札幌市は富良野市とおよそ 110km 離れており、直接的な競合関係にあるとは言い難い。北海道は広大な大地で距離感覚は本州とは少し違うとはいえ、片道 2 時間の距離はそう簡単には埋まらない。札幌市との競合は極めて間接的であると考えてよいだろう。

　富良野市には 5000m² を超える大型商業集積は存在しないが、2009 年時点で中心市街地内に三番館（2015 年 9 月、閉鎖）、Ａコープ朝日店、ラルズといった百貨店、スーパーが存在したほか、郊外部にはＡコープなど多くの大型店が立地していた。小さな地方都市としては十分ともいえる集積で、地元消費者だけではなく、隣町村である南富良野町、中富良野町、占冠村から吸引している。

　それでも、富良野市の購買力のすべてを引き付けることができているわけではない。富良野市の小売業が最も競合しているのは、ほぼ北 57km のところに位置する北海道北部の中心都市、旭川市（人口約 35 万人）である。旭川市は 1972（昭和 47）年、将来の札幌市との競争に備えるためとして、駅前の国道を市道に移管したうえで「旭川買物公園」として整備し、恒久的な歩行者天国を実現して注目を集めた。その後、旭川市には大型商業施設が続々と開設される。西武百貨店は 2016 年に閉鎖されたが、イオンやヨーカ堂をはじめとして、多数の大型店が立地してきた。57km の距離はあるものの、若い世代を中心に、非食料品の購買はかなり旭川市に流出している。特に、2009（平成 21）年時点で、医薬品・化粧品、高級衣料品、時計・メガネ・カメラでは旭川での購買が 50％を超えている。さらに旭川市には 2015（平成 27）年 3 月にイオンモール旭川駅前店（2 万 8200m²）

がオープンしており、今後はその影響も現れてくる可能性は否定できない。

　旭川市との競合は避けられないものの、富良野市が目指そうとするのは、旭川市に流出する購買力を引き留めることではなかった。そうではなく、富良野市を訪れる観光客を中心部にひきつけ、中心部での滞留時間を確保し、中心部での購買を刺激することであった。その意味では、全国どこにでも見られるような一般的な商品構成をもった商業施設が求められるのではなく、「ちょっとおしゃれな田舎町」にふさわしい、富良野らしいこだわりのある商品を中心とした品揃えこそが必要であった。その意味では、新たなマルシェの開発に際して、旭川市との競合関係をそれほど直接的に意識する必要性はなかったと言ってよい。

2 ｜ まちづくりの体制づくり

① まちづくり三法見直しを受け止める

　1998（平成 10）年に施行された中心市街地活性化法は、2005（平成 17）年に始まった「まちづくり三法見直し」の中でも、特に重要な見直しの対象となった。三法見直しは、まず都市計画法の改正によって郊外開発を原則として抑制して、「コンパクトシティ」への方向を明示し、「まちなか居住」の重要性を訴えた。一方、中心市街地活性化法（旧法）は正式には「中心市街地における市街地の整備改善及び商業等の活性化の一体的推進に関する法律」であったが、中心市街地活性化の目的が商業の活性化であるとの誤解を払拭するため、法律名から「商業の活性化」を削除して「中心市街地の活性化に関する法律」とし、課題が中心市街地そのものであることを明確に打ち出した。

　課題が中心市街地そのものとなれば、利害関係者は商業者だけではなく地元企業や市民にまで広がっていく。それらの関係者を広く巻き込んだ協議会の設置が義務づけられた。基本計画もこの協議会の議論を経て自治体

が策定し、それを内閣総理大臣が認定することとなった。旧法の下では、既存の計画を寄せ集めた杜撰な計画づくりが行われたという声が多く聞かれたことに対する反省であった。認定された計画には当然に各省庁の予算が優先的に配分されるが、特に経済産業省には地方自治体を経由することなく、地元事業者に直接交付する戦略的補助金制度が設けられた。抜本的に改正された中活法は 2006（平成 18）年 10 月に施行された。

　こうした国の動向を注意深く観察していた湯浅篤はこの法改正の意義をいち早く正確に理解し、直ちに行動を開始した。湯浅はこの時のことをこう語っている。「『やった！』と思うと同時に、私の心に『アクション』のスイッチが入った。ここでやらなきゃ、富良野のまちは滅びる。使命感というよりも、商人として本能的に商店街・中心市街地すなわちコミュニティの危機に私のマインドが反応したのだと思う[7]。」この湯浅は、西本伸顕によれば「『まちづくり』に対する思い入れが人並み外れて強く、巷間『まちづくりの熱血おじさん』としてその名をはせている」人物である[8]。

② 責任世代オヤジトリオ結成

　湯浅は直ちに商工会議所の会頭、専務に働きかけて協議会づくりに乗り出す。法定協議会はまちの様々な利害関係者が参加して構成されるのが普通であるが、そうすると各種団体等の代表者が広く集まり、実質的な議論が難しくなるおそれがある。それでは駅前再開発事業の二の舞となってしまう。そうならないために、構成員を地元の事業関係者 8 機関に絞り込み、その中でもリスクを伴う事業計画について前向きな議論ができる、行動力のあるメンバーを呼び込んだ。ここに駅前再開発事業の強い反省があった。協議会を単に事務局原案に注文をつける場ではなく、実際にリスクを負うものによる実質的な協議の場としたいという思いが強く反映していた。そして、この協議会の取りまとめ役である運営委員長には西本伸顕が就任した[9]。

　ここまでは完全に民間主導の動きとなる。市の方は、この時点ではまだ

駅前再開発事業の後始末に忙殺され、新たな計画づくりに取り組む余裕はないというスタンスであった。しかし、やろうとする事業は2000坪にも及ぶ協会病院跡地の利活用であり、中心部の回遊性の回復である。行政が動かなければこんな大きな事業が進められるはずはない。たまたま中心街整備推進室に旧知の大玉英史が在籍することを知り協力を求め、大玉もこの要請に応じた。

　こうして、商店街の商人である湯浅篤、地元の事業者にして商工会議所常議員の西本伸顕、市役所の土木技師で駅前再開発にも最終段階でかかわった大玉英史という3人組が結成された。富良野の現状に危機感をいだき、何とかしなければならないという使命感を持ち、何かができるという可能性を信じる自称「責任世代オヤジトリオ」の誕生である。

　「まちを何とかしなければ…」「このままでは座して死を待つだけだ」「気がついた人間がやらずに誰がやるのか」「次世代に誇れるまちを残すのは俺たち責任世代だ」これが連夜の居酒屋まちづくり談義を通して確認したオヤジトリオの共通の考え方となった[10]。そして、この3人が協議会の核となり、その後の富良野のまちづくりに火をつけることになる。

③ 情報の共有

　この3人の連夜の議論は富良野のまちづくりにとって極めて重要な意味があった。第1に、徹底したデータ分析を行うことで富良野の中心部の現状を理解し、その中から方向を見定めようとした。富良野に観光客が多数訪れると言っても、中心部は衰退の方向に向かっている。希望的観測を捨て、その厳しい現実を受け入れ、そこから課題と方向性を導き出そうとした。

　第2に、先進事例とされる都市には積極的に出かけて、新しい情報を貪欲に吸収した。もとより、先進事例がそう簡単に真似できないことはわかっている。しかし、内に籠っていただけでは何をどうするのか、アイディアを刺激することもできない。他都市の事例は富良野の事業を構想する上での方向性や事業手法についてのヒントとなり、アイディアを刺激してく

れる。予算など獲得していないから、全員手弁当で参加した。当然、視察にも気合が入り、吸収欲が高まる。その熱意が、先進事例から学び取る感度を高めた。まさに「責任世代の使命感」と言ってもよかった。

　第3に、情報の共有を徹底的に図った。まちづくりは複雑に利害関係が絡み合うだけに、関係者への説明は一筋縄でいくものではない。手がける事業の規模が大きくなれば、利害関係者が膨らみ、合意形成がいっそう難しくなる。噂が噂を呼び、意図がうまく伝わらないこともあった。しかし、反対意見があるのは初めから覚悟のうえ、「敵100万たりともわれ行かん」というほどの気概だったという。「危機感とまちの未来に対する夢の共有」を目標に、手分けしてパソコン片手のプレゼンテーションを繰り返す日々が続いた。

　多様な関係者への説明は3人で分担することになるが、どこでも同じ説明ができなければならない。そのため、まちづくりの方向性の確認にとどまらず、説明資料の細部に至るまで情報を共有し、考え方を徹底的にすり合わせた。生半可な情報の共有ではない。文字通り、とことん話し込み、腹の底から了解しあえるところまで議論を詰めた。その結果、相手先との関係も意識しながら、最も適任の者が担当することも可能になった。

　第4に、視点の異なる3人の徹底した議論の中から生まれた計画は、彼らに計画に対する自信をもたらした。「富良野の『まち』に対する思いや憂いはどんな優秀なコンサルの方が来ても、私たちにかなうはずがないと自負している」と湯浅が語るとおり[11]、計画にブレがなくなった。理解が容易に得られないときには、説明過程で関係者の賛同を引き出そうと妥協を繰り返すことはしばしばある。だが、そうなると計画の全体像に変更が生じたり、相手によって妥協内容が変わるなど、新たな不満を生み出す元になる。ブレない説明とともに、ブレない計画が出来上がったのである。

④ 柔軟性と基本コンセプトの確立

　若干の補足が必要であろう。「ブレない計画」と言ったが、頑なに外部の

意見を拒否したのではない。そうなってしまえば、自分たちの計画を押し付けるような強引さが表に出て、他の人の理解はかえって得にくくなる。あくまでも、客観的なデータに基づいて現状を冷静に理解し、そこから今後の方向を探り出そうとするのである。現状認識については妥協の余地はないが、今後の方向については彼らの方向が絶対的な「正解」というわけではなかった。

　例えば、病院跡地の利活用を考えるにあたって、当初は五条通りを挟んで向かい側に立地するスーパーを病院跡地に移転させ、そのスーパーの跡地に新たに施設を整備する計画を立てていた。いきなり新たな施設を整備するといっても、事業費の問題があった。駅前再開発事業終了直後の富良野市にそれだけの余裕がないのは明らかであった。一方、スーパーには大型化を目指して郊外に移転するのではないかとの噂があった。スーパーを病院跡地に移転させれば、郊外移転を阻止できるばかりか、事業費を獲得することもできる。まさに一石二鳥の妙案と考えられていた。

　しかし、一挙両得のように思われたこの案に対し、講演で当地を訪れた東京大学教授の堀繁が「こんな町の一等地を使って、あなたたちのやりたいことはスーパーを建てることなの？」と鋭く問い返したという[12]。この言葉は3人組の心に強く響いた。われわれは何のために事業をしようとしているのか。彼らは計画をはじめから練り直した。それだけの柔軟性を持ち合わせていたのであり、そこで議論を深める中で、富良野まちづくりの基本的理念ともいうべき「ルーバンフラノ　ちょっとおしゃれな田舎町」というコンセプトが固まっていった。「ルーバン」とはルーラルとアーバンを組み合わせた彼らの造語である。この中に彼らの思いが凝縮している。

　内部に強い自信を持ちながら、それでも頑なに内に籠ることなく、外に心を開いておく。個別的な利害得失に絡む意見にはブレない姿勢を堅持しながら、事業の本質的な考え方は柔軟に固めていく。もちろん、いつまでも柔軟であることはできないが、この過程を経ることによって、本当に練り上げられ、揉みこまれた計画が出来上がっていった。

5 まちなか回遊と地域資源の発信の拠点

　まちなかの賑わいを復活させるためには、まちなかに誰もが行ってみたくなるような魅力ある拠点がなければならない。観光客を呼び込むためだけの施設ではない。地元住民も同様に親しみが持て、安らぎを感じることができる施設でなければ意味がない。第1期の駅前再開発事業以降の課題となったまちなか回遊を促進するためには、そんな魅力的な滞留拠点が必要だ。それは何か。

　観光客を呼び込むために「客寄せパンダ」を外から持ち込むのではない。富良野の資源を使い、それを外部に発信し、そしてそれをさらに磨き上げていけるような、そんな施設をつくりたい。それならば、外部に強く訴えることができる。そのための資源といえば農畜産物をおいて外にはない。農畜産業は富良野の基幹産業であり、スイーツを中心にすでに多くの加工食品が存在している。これらを生かして「食文化の発信基地」をつくる。イメージはヨーロッパの市場のような、にぎわいと楽しさにあふれる空間だ。施設は「フラノマルシェ」と名付けられた。

　初動事業としては商業施設のマルシェを建設するが、それだけでは観光客をひきつけることができたとしても、本当の意味での市民の交流の場とすることはできない。市民が気軽に立ち寄る場所がほしい。厳しい冬場でも、天候を気にすることなく集まれる場所がほしい。今後、高齢化は富良野でも間違いなく進行するし、そうなれば行政の負担は嫌でも大きくなる。子育て支援や介護施設をまちなかに民間ベースで設置することは、コンパクトシティを実現するだけではなく、もっと直接的に行政コストの抑制にもつながる。この考え方が具体化したのがネーブルタウン構想であるが、だからこそこれが富良野のまちづくりの中核事業として位置づけられることとなるのであった。

6 外からの目

　このオヤジトリオには共通点があった。富良野への思い入れは強いが、

いずれも「外からの目」を持っていた。富良野生まれの西本、隣町の中富良野町生まれの湯浅は学生時代を東京で過ごした。湯浅は 27 歳で五条通りにパソコンショップを開くが、札幌にも支店を持ち、道内外の他都市を多く見て来た。西本は大学卒業後、リクルートに就職するが、U ターンして家業の青果物卸売商を継承した。その取引先は全国に拡がっている。道内、上川郡下川町生まれの大玉は東北で学生生活を過ごしたのち、富良野市役所に職を得た。

　まちづくりには地元に対する愛着、思い入れが必要だし、地元での豊富な人脈も必要になる。これがなければまちづくりは始まらない。地元出身者には幼い時期をともに体験した「仲間」がいる。大人になってからの事業や利害に絡む関係ではなく、それらを超えて理屈抜きで分かり合える仲間である。これらの人びとに支えられて、地元出身者はしばしばまちづくりのキーパーソンとなる。

　しかし、反面で、地元に居続けると、幼い頃からの人間関係や、時には親の代の関係までをしがらみとして引きずり、かえって動きが取れなくなることも少なくない。一度外部に出ることで、このしがらみを相対化し、一歩距離を置くことができるようになる。地元に対する思い入れにしても同じで、愛着や思い入れが強すぎると、まちを見る目が固定化して、独りよがりになってしまいかねない。そうなっては人の理解は得られない。長期的なまちづくりを進める上では、まちを相対化して見る目がどうしても必要となる。俗に「よそ者、ばか者、若者」がまちを変えると言われるが、趣旨は同じで、地元に沈殿する重い空気やルールが発想や行動を縛るというのである。3 人はいずれも富良野に根づきながら、程よく外部から相対化してまちを見る目を持ち合わせたことになる。

　3 人は仕事上の「立場」が異なっただけではなく、専門分野も異なり、それぞれの強みを補完しあうこともできた。その意味でも絶妙の組み合わせであった。自ら手掛けたまちづくり計画に対する絶対的ともいえる自信は、多様な外からの目を重ね合わせることによって得られた「客観性」に

対する彼ら自身の信頼によるといってもよいだろう。実際、それがその後、多くの関係者の理解と合意を得ることを可能にした。

⑦ 内外の支援・協力体制のひろがり

オヤジトリオが果たした役割は大きく、その点を強調してきたが、決して3人ですべてが進められたわけではない。当初のコンセプトや方向性は彼らが議論を重ねて練り上げたが、実際にそれを図面に落としたり、様々な書類を作成するうえでは、道内のコンサルタントを含めて多くの関係者の協力を得ている。「フラノ」のイメージが外部者の協力を得るのに貢献したことは間違いないが、彼らの積極的で前向きな行動力なしには、多くの関係者や専門家を協力者として巻き込むことはできなかったであろう。

協力者は地元からも生まれる。オヤジトリオの献身的な活動が認知され始める頃には、商工会議所にも市役所にも、それを理解し、応援しようとする人たちが現れる。彼らの熱意に魅せられた人たちである。若手職員は献身的に作業を引き受け、オヤジトリオの手足となって彼らを下支えした。さらに、西本伸顕と同学年の荒木毅商工会議所会頭は、すぐ後で見るように、まちづくり会社の増資に際して圧倒的な役割を果たしたし、2009（平成21）年のマルシェの建設に際して、西本とともに2億円の借入金に対する個人保証に応じることになる。それは関係者に強い信頼を与え、協力の輪が広がるのに役立った。

こうした流れの中で、行政の姿勢も次第に変化していく。当初は一歩距離を置いた感じで眺めていたものの、計画が具体化し、まちづくり会社の増資に際して地元の金融機関が出資を決定する段階になると、「本気度」を理解するようになり、荒木と西本が個人保証を引き受けると、見方も大きく変わってくる。さらに、マルシェが実際に立ち上がって、予想以上の集客効果を目の当たりにすると、次なる動きに向けて積極的な支援を検討するようになる。これによって、市と商工会議所と商業者を含む地元住民との信頼関係が強化され、「官民協働のまちづくり」が新たな段階でスタート

することとなった。

　さらに、その後の市の対応の中で、特筆すべきことがある。富良野市は2013（平成25）年6月に第2期の中心市街地活性化基本計画を策定するが、その中核事業はもちろん「ネーブルタウン」であった。それは第1期からの継続事業となるが、第1期のマルシェに比べてもはるかに大規模な事業であり、内閣府からは「担当者2人（鈴木課長と黒崎係長）では計画策定など不可能」との指摘を受ける。かといって、小さな都市では担当者の増員など簡単にできるものではない。小さな組織に特有の困難があった。

　担当者の増員について副市長から打診を受けた大玉は「私と吉田育夫に手伝わせてくれればやれる。協議などに必要な旅費等を認めてくれればいい」と答えたという。既に管理職として他の業務を担当している2人が、中活事業の一担当者として働くというのである。組織の「常識」を超えた発想ではあったが、ほかに方法があるわけでもなかった。最終的には市長の判断で異例の兼務辞令となり、直接の担当部署ではない上位階層の職員が、部下のスタッフとして活動することとなった。

　役所の職員には異動がつきものである。そのたびに外部の関係者と構築してきた人間関係がリセットされる。お互いに仕事の関係と割り切れば、機能的に業務をこなすことはできる。しかし、従来のいきさつや個人的な信頼関係など、属人的な要素がまったく入り込まないと言えば嘘になる。兼務辞令は、こうした対外的な接触の中でも、属人的要素の継続を可能にし、事業の円滑な進行に役立った。市役所内部の人的な風通しのよさと、職員の献身的な理解がなければできる措置ではなかったが、中心市街地活性化に対して市が並々ならぬ意思を示し、それに応じた体制を準備したことを意味している。

8 まちづくり会社組織

　第2期事業の中核であるネーブルタウン事業は、商業施設以外に認可保育所や介護付き有料老人ホーム、コミュニティ施設、共同住宅を含む巨大

なものであったが、さらにこれにサンライズパーク事業の後続も予定されている。これらの一連の事業の主体となるのはもちろんまちづくり会社であるが、そうなるとそのまちづくり会社がそれなりの自己資金を持たなければならない。まちづくり会社はもはや単なるイベント企画や事業調整の会社ではなく、これから始まる大規模な再開発事業のデベロッパーの役割を担わなければならないからである。まちづくり会社はすでに 2003（平成15）年 10 月に設立されていたが、資本金 1035 万円では決定的に不足するため、その増資が課題となった。

　増資が問題となった 2008（平成 20）年時点では、まだ富良野市がそれほど積極的な理解を示していなかったこともあるが、民間の再開発事業を担う会社だからということで、市には増資を求めず、民間だけで資金を集めることになった。そのために格段の尽力をしたのが商工会議所会頭の荒木毅であった。西本が「会頭乱麻の資金集め」と評した働きかけで、増資計画が話題になってから何と 1 ヶ月弱で 7300 万円強の増資が決定した[13]。もちろん、会頭企業が率先垂範したが、多くの企業等がその呼びかけに応じた。新旧まちづくり会社の概要は表 1 のとおりである。

　富良野市の出資はもともと多くはなかったが、この増資によって出資比

表 1　ふらのまちづくり会社の概要（新旧対照表）

			旧会社	新会社
設立年／増資年			2003 年 10 月 28 日	2008 年 6 月 25 日
資本金	資本金額		1035 万円	8350 万円（増資 7315 万円）
	出資団体数		19 団体	59 団体（新規 40 団体・個人）
	出資割合	富良野市	9.7%	1.2%（増資せず）
		3 セク等	21.2%	3.0%
		農協	9.7%	13.2%
		農協 100％子会社	9.7%	1.2%（増資せず）
		商工会議所	9.7%	1.2%（増資せず）
		商店街団体	17.8%（7 団体）	3.8%
		民間企業等	22.2%	76.4%
設立時代表取締役			富良野市助役	地元建設会社社長（商工会議所会頭）青果物卸売会社社長

出典：久保勝裕・中原理沙「出資者の協議会等への参加歴から見たまちづくり会社の展開プロセス―ふらのまちづくり会社を対象として―」『都市計画論文集』（日本都市計画学会）Vol. 48, No. 3,2013 年、257 頁によるが、一部訂正した。

率はわずか1.2%となった。商工会議所も市と同額で、民間企業等が圧倒的に増資に応じたことがわかる。荒木会頭の尽力はもちろんあるが、この間、この計画が地元の企業に理解され、浸透していった証であろう。上表の「民間企業等」の中には3人の個人が含まれており、マルシェ計画への期待が市民レベルでも高まっていたことがわかる。

　まちづくりだからといって行政に頼らず、地元企業、地元市民が出資をしてリスクを負う。認可保育所や介護付き有料老人ホーム、コミュニティ施設、共同住宅など、公共施設を内に含みながら、それでも全体を民間の再開発事業と位置づけ、行政に出資増を求めなかった。そのことが富良野ではごく自然に受け止められたのである。そして、そのことは、その後の組織の運営で民間企業的な意思決定の速さと効率性を追求するのに大いに役立っている。

3 ｜ 中間的総括

　富良野の成功を振り返ると、「フラノマルシェの事業内容が素晴らしかった」「事業のすすめ方が適切だった」といった評価が返ってきそうである。そうには違いないが、富良野の成功は単に事業内容や事業手法の適切さというだけでは理解できない。事業が開始される以前からの積み上げも大きな意味を持っていた。そのことを確認するために、今回の事業の背景と初動の体制づくりに紙幅を割いてきた。いま、中間的総括として、その中から特に重要と思われる点を列挙しておくことにしよう。

①富良野は観光都市としての知名度は高かったが、まちなかへの波及効果はほとんどなく、まちは「危機」に向かおうとしていた。そのことを強く危惧する人たちがいた。

②駅前の再開発事業は他都市でもありがちな手法で行われた。それによって駅前地区はハード的には一新されたが、商店街はかえって衰退し、期待された回遊性は確保できなかった。この事業は失敗に終わったと、

重く受け止める人がいた。

③中心市街地内に立地していた協会病院が移転し、商店街の人通りは激減した。商工会議所が作成した利活用計画は宙に浮いたままで、広大な空き地がそのまま残った。そのことに危機感を感じ、事業の必要性を確信する人がいた。

④国ではまちづくり三法が見直され、法定協議会の設置、基本計画の総理大臣認定、自治体を経由しない事業者への直接支援の補助金制度の導入などが行われた。その意義を正確に理解し、すぐに行動を起こした人がいた。

⑤協議会を形式的なものとしないために、リスクを伴う事業計画について積極的な議論ができ、行動力のあるメンバーのみで協議会を構成した。この過程で、商工会議所の全面的協力が得られた。

図3　移転した協会病院

図4　マルシェ外観 (写真提供：ふらのまちづくり株式会社　図4、5)

図5　マルシェ広場

⑥行政は当初、一歩距離を置く姿勢であったが、まちづくりに行政の関与は避けられないとして、行政からも理解のある人を巻き込み、計画全体の中心部隊となる「責任世代オヤジトリオ」が結成された。

⑦この3人は商店街商人、商工会議所常議員の事業者、行政マンという組み合わせで、まちづくりに必要な関係部署の協力体制が出来上がった。

⑧市は当初、この動きを積極的に支援したわけではない。そのため、3人の「個人的」な活動として、まちづくりの動きはスタートし、先進地の視察などはすべて自己負担で行われた。

⑨3人は富良野に強い思い入れを持ちながら、それぞれに「外からの目」で富良野を見ることができた。それが計画の「客観性」をもたらした。

⑩3人の間のデータ分析を基礎とした冷静な現状分析に基づく密度の濃い議論を通して情報共有を行い、ブレない計画づくりを行った。それによって関係者へのブレない説明が可能になり、それが関係者の説得に役立つとともに、市内外に理解者と同調者を生みだした。

⑪観光客の中心部への導入は重要ではあったが、それ以上に重要であったのは地域コミュニティの再生であり、そのための滞留拠点の創出であった。さらに市民の医療や健康・福祉、まちなか居住を含めた複合的な開発整備に取り組んだ。

⑫第2期事業のネーブルタウンは公共施設的な要素を多く含みながらも、民間の再開発事業として位置づけ、まちづくり会社の増資に際して特に行政に出資増額を求めなかった。その結果、商工会議所とともに出資比率はわずか1.2%となった。

⑬魅力的なまちづくりを取り戻すために、個人保証を進んで受け入れる人がいた。それも含め、リスクを負う人が計画づくりの中心にいた。そして、それが市の姿勢・体制を動かすのに大いに役立った。

⑭小さな地方都市では担当者の増員は簡単には実現できないが、市は兼務辞令を発令することで、これに応えた。兼務辞令は本人には過重な負担を強いることにもなるが、それを進んで受け入れる職員がいた。

注

1　コミュニティマネジメント株式会社による商業床取得には、経済産業省平成 26 年度地
　　域商業自立促進事業費補助金 1 億 8145 万 2430 円が含まれている。

2　『富良野駅前地区第 1 種市街地再開発事業概要書』（富良野市・富良野駅前再開発株式会
　　社、2007 年 7 月）2 頁。

3　湯浅篤「病院跡地に民間主導で年 70 万人を呼ぶ商業施設を開発」石原武政編『タウン
　　マネージャー 「まちの経営」を支える人と仕事』学芸出版社、2013 年、165-166 頁；西
　　本伸顕『フラノマルシェの奇跡 小さな街に 200 万人を呼び込んだ商店街オヤジたち』
　　学芸出版社、2013 年、13-14 頁。

4　『快適生活空間「ルーバン・フラノ」を目指して 「都市的な感性をもって、快適で心豊
　　かな田園都市を自らの力で育む」富良野市中心市街地活性化基本計画』2014 年、8-9 頁。

5　湯浅 2013 年、165-166 頁。

6　西本 2013 年、14 頁。

7　湯浅 2013 年、169 頁。

8　西本 2013 年、10 頁。

9　協議会の構成機関は、富良野商工会議所、ふらのまちづくり株式会社、富良野市、富良
　　野商店街連絡協議会、新相生商店街振興組合、富良野五条商店街振興組合、北海道中小
　　企業家同友会旭川支部富良野地区会、富良野金融協会の 8 機関であり、事業リスクを直
　　接負わない消費者団体や福祉関係団体はこれに含まれなかった。

10　『ちょっとおしゃれな田舎町 ルーバン・フラノを夢みて 富良野市東 4 条街区地区第一
　　種市街地再開発事業記念誌』（ふらのまちづくり株式会社、2015 年）4 頁。

11　湯浅 2013、175-176 頁。

12　湯浅 2013、173 頁。

13　湯浅 2013、179-180 頁；西本 2013、98-104 頁。

第2章
フラノマルシェ事業をどう評価するか

　富良野市中心市街地活性化事業は、予想以上の効果を上げ、成功しているように見える。しかし、事業が成功しているかどうかは、単なる感覚ではなく、何らかの基準＝指標によって評価されるべきであり、最近は国の補助事業は事前に設定した指標がどれだけ達成されたのかという観点から評価される仕組みとなっている。実際、富良野市中心市街地活性化事業でも、国の指導に従って事前に事業目標と達成すべき指標が設定されている。そこで、以下ではまず事業実施主体がそれらの目標をどこまで達成し、自らどのように評価しているのかを確認することから始めたい[1]。その上で、設定された目標や指標の妥当性を検討することにし、その結果として新しい指標が提案される。それが従来のものに比べてどのような違いがあり、また意義があるのかを検討することにする。

1 ｜ 前計画の目標・指標・評価

　富良野市中心市街地活性化基本計画に関連する事業のうち、2008（平成20）年から2014（平成26）年10月までの「前計画」（以下、前計画と呼ぶ）と、それを引き継ぐ「新計画」に分かれる。中心市街地活性化事業という意味では、前計画に先立って2001（平成13）年から旧法計画の下で実施された事業が存在する。JR富良野駅周辺地区を「地域交流、活性化、交通の中心となる複合機能を持つ拠点」として位置づけ、土地区画整理事業、駅前広場事業、市街地再開発事業と、居住施設と複合した富良野市中心市街活性化センター（ふらっと）が建設された、駅前広場整備事業がそ

36

れである。しかし、この事業は駅前の混雑解消とにぎわい創出には寄与したものの、後述するように、市街地再開発事業をきっかけとして商業者の廃業を招くという皮肉な結果をもたらした。前計画は、こうした反省の上に立って策定されたものであり、以下では、前計画の事業成果を評価することを目的としつつも、必要な限りで旧法の事業にも言及することにする。

　2008（平成20）年に認定された前計画では、大きく次のような二つの目標が掲げられている。いずれも、衰退した中心市街地を活性化するために、多くの人びとが中心市街地に集まり、また住むことでにぎわいの創出や商業の活性化が期待されていたと言える。

【目標1】
　滞留拠点の整備による地域経済のパイの拡大と商店街のにぎわい
　測定指標：　歩行者通行量の増加
【目標2】
　利便性・機能性に富む集合住宅建設による「まちなか居住」の促進
　測定指標：居住者の増加

目標1：滞留拠点の整備による地域経済のパイの拡大と商店街のにぎわい

　中心市街地活性化事業の狙いはフラノマルシェという「滞留拠点」の整備によって、中心市街地への来街者数を増やすことであった。図1によれば、フラノマルシェが開業した2010（平成22）年以降、市内全体の観光客が減少し続ける中で、中心市街地の来街者が一気に80万を超えて急増しており、まさに爆発的な集客力を示したことが窺える。その来場者数はマルシェ2開業以降も伸び続け、相乗効果を発揮する形で売上も伸びているのである。ただし、2016（平成28）年度は年後半に3回も台風に見舞われ、売上が伸び悩んだ（図2）。

　しかしながら、活性化事業の成否を測る指標としては、中心市街地の歩行者通行量が採用されている。図3によって確認すると、2013（平成25）年時点の調査では歩行者通行量の合計は2690人／日である。フラノマル

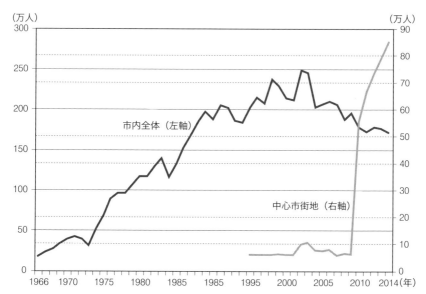

図1　富良野市観光客の入込数の推移（出典：富良野市中心市街地活性化基本計画、以下、図3から図8も同じ）

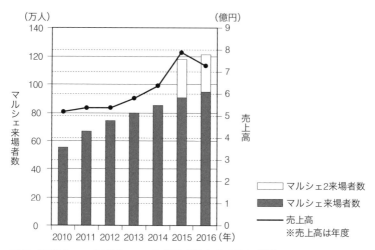

図2　フラノマルシェ、マルシェ2の来場者数と売上高の推移（出典：ふらのまちづくり株式会社資料より筆者作成）

（人／日）

図3　中心市街地の歩行者通行量（合計値）の推移

シェが開業した2010（平成22）年に増加に転じたものの、その後減少し、ボトムである2011（平成23）年の1654人から増加傾向に転じている。しかし、目標値であった2014（平成26）年3700人には遠く及ばない結果となった。しかも、活性化事業が開始された前年の2007（平成19）年の3094人と比べても、通行量は減少している。この数字だけ見ると、中心市街地の活性化事業は失敗したように見えるが、果たしてどのように評価すればよいのであろうか。

　歩行者通行量調査は、富良野商工会議所が毎年10月第2金曜日に実施するものであり、市内の4ヶ所（図4）の商店街で歩行者通行量を測定した合計値である。まず歩行者通行量が測定された市内の4ヶ所と各ポイントでの歩行者通行量の変化を確認しておくことにしよう。

　図5によって、各ポイントの歩行者通行量の変化を見てみると、基準となった2007（平成19）年はそれ以前から続く長期低落傾向の途上にあるといえる。2005（平成17）年にいったん持ち直したものの、その後2011（平成23）年まで減少を続け、そこをボトムとして増加に転じている。問題は、2010（平成22）年は、フラノマルシェが開業した年であるにもかかわらず、その効果がまったく表れていないことである。この点も含めて、前述した歩行者通行量の目標値に届かなかった理由を事業実施者がどのように分析しているかも紹介しながら[2]、検討することにしよう。

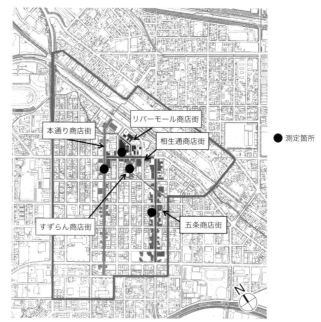

図4　通行量調査のポイント

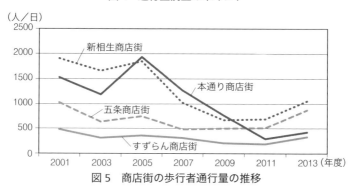

図5　商店街の歩行者通行量の推移

　駅前に立地している本通り商店街と新相生商店街について、2005（平成17）年度に歩行者通行量が増加しているが、これは2001年にTV放映された「北の国から2002遺言」の影響と駅近くで2003（平成15）年4月より通年営業を開始した「北の国から」資料館の存在が大きいという。

　しかし、その後歩行者通行量は激減することになるが、その理由として

は、この間に市街地区画整理事業によって、高齢化・後継者不足等を理由とする小売店舗商業者の想定外の廃業を誘発した点が指摘されている。例えば、駅前広場に隣接する新相生商店街は店舗数が 30 店（2008 年度）から 19 店（2013 年度）に減少した。商店街の賑わいの低下は、隣接する本通り商店街やすずらん商店街の歩行者通行量にも影響を与えることになり、本通り商店街では、歩行者通行量が 1264 人（2007 年）から 432 人（2011 年）まで 66％も激減した。また同エリアで営業していた北洋銀行富良野支店が 2009（平成 21）年に五条商店街エリアへ移転したことも、本通り商店街の衰退に拍車をかけたことが推測される。

　一方で、金融機関の集積による利便性が向上した五条商店街の歩行者通行量は 2001（平成 13）年に比べて増えたわけではない。2005（平成 17）年度から 2007（平成 19）年度にかけて 32.9％も激減しているのは、協会病院が移転した影響が大きかったためである。それがようやく下げ止まるのが 2009（平成 21）年以降である。しかし、協会病院の跡地にフラノマルシェが開業した 2010（平成 22）年以降歩行者通行量は増加に転じるものの、期待したほど顕著に増えているわけではない。この点については、五条商店街だけでなく他の商店街においても、2009（平成 21）年と 2011（平成 23）年の極端な減少は、2009（平成 21）年が低温（10 度）で強風、2011（平成 23）年が低温（12 度）降雨と、計測日がいずれも気象条件が悪かったことが原因と分析されている。

　実際、2013（平成 25）年 9 月にふらのまちづくり株式会社が実施した歩行者・自動車通行量調査では、平日で 2974 人、日曜日には 4685 人もあり、特にフラノマルシェ付近では通行量の増加は顕著であり、確実にフラノマルシェへの来客者が近隣の商店街へ回遊している結果となっている。前述の富良野商工会議所の調査と比べると、平日、休日ともに上回り、休日は 3.1 倍となっているのである[3]。

　また商店街へのアンケート調査（2013 年 9 月実施）では、「歩行者通行量が増えた」（55％）「来客数が増えた」（33％）と、回遊促進効果を商業

者自身が実感している結果となっている。ただし、歩行者通行量は調査日の天候などによって大きく左右され、目標値の達成度合いを測る指標としては正確さを欠くこと、したがって少なくとも複数のデータによって慎重に判断されるべきことがわかる。

目標2：利便性・機能性に富む集合住宅建設による「まちなか居住」の促進
　この目標は、中心市街地の都市機能や生活利便施設が総合的に提供されることで、あらゆる世代が交流し、車に過度に頼らず、歩いて暮らせる都心ライフを営む人が増えることを狙いとしている。しかし、図6を見る限り、居住人口は2741人（2007年）から2900人（2014年）に増加することを計画していたが、2589人（2013年）と漸減しており、目標数値の達成は困難であると評価されている。その理由として、
・共同住宅は目標の10棟（6戸／棟）を上回る14棟を建設したが、リーマンショックなどの経済不況の波を受け、4戸／棟の建設にとどまった。
・東4条街区市街地再開発事業の遅延により、18戸のマンション建設が未完了となった。
　なお、目標値の設定にあたって、社会および自然現象による増減、とくに転勤などによる転出を考慮せずに目標値を設定してしまったため、大幅に目標を下回ることになったことが問題点として指摘されている。

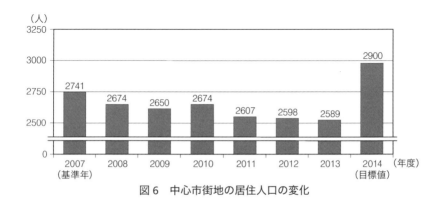

図6　中心市街地の居住人口の変化

また 77ha として設定した中心市街地の外周町内での減少が大きいことから、後述するように、新計画では重点エリアと新しい目標値の設定が必要になったのである。

2 | 前計画総括を受けた新計画の必要性とその概要

　以上のように、目標 1、目標 2 とも、前計画期間内では達成できない見通しになった。しかし、この間に実施された各種活性化事業の効果により目標達成の兆しが見え始めているという。その根拠として、

・市民は中心市街地活性化事業の成果を一定評価するとともに、前計画をベースに、引き続き立ち止まることのない事業の継続性を求めている。
　2014（平成 26）年に実施した市民アンケート結果によれば、
　①「賑わってきている」「賑わっている」と回答した市民が 43％である。
　②継続した新計画策定に対しても「必要である」「少しは必要である」という回答は、合わせて 64％にのぼっている。目標未達成の最大の理由は、本来 2014（平成 26）年度までに完成すべきネーブルタウンの事業着手が遅れたことであり、それゆえ当該事業を早急に実現するため前計画の継続事業として新計画を策定する必要性がある。
・中心市街地における 65 歳以上の人口の割合は、市平均を上回り、22.09％から 26.94％へ上昇しているが、商店街の事業者の高齢化も進行している。
　富良野商工会議所が実施した商業者の年齢調査（2009 年）によれば、60歳以上が約 50％、40 歳以下が 29％となっており、商業者の後継者育成もしくは新規商業者参入を図らなければ、自然淘汰による商業店舗の衰退は避けられない。
　こうした中で、フラノマルシェの新規出店テナントが 4 店舗、マルシェ2 のそれが 11 店舗増加したことは、これらの新規参入が中心市街地の魅力を高め、新規出店を誘発し、商業者の新陳代謝を図る上で絶大な効果を発揮した。マルシェ、マルシェ 2 以外でも、富良野市では、2012（平成 24）

年度より、中心区域内の商工業振興を目的に、新規出店家賃補助事業・店舗等新築改修費補助事業・人材育成事業をメニューに盛り込んだ「富良野市中小企業振興総合補助金」が制定され、2012（平成24）年度空き店舗入居10件、新築開業1件、2013（平成25）年度6件と、新規商業者出店誘致の実績をあげている。詳しい分析は第4章に譲るが、今後はさらに広く補助金活用のPRに努め、空き店舗解消と新規出店の拡大に積極的に取り組んでいくことが指摘されている[4]。

　しかし、こうした取組みにもかかわらず、2014（平成26）年3月に実施された市民アンケートによれば、中心市街地への来訪目的の4分の3が「買い物」のためと回答している一方で、3分の1が「魅力ある店や商店が少ない」「目的の商店がない」と回答しており、依然として課題も残されている。中心市街地の活性化には、商業者の活性化が不可欠である。中心市街地に「市民が魅力を感じれば来街する頻度も増し、賑わいが創出され、魅力と賑わいが相乗的に増大していくスパイラルが発生することが期待でき、そうした賑わいの実感が共有できるように前計画の方向性を踏まえつつ、空き店舗解消、建設未利用地活用、新規出店等と商店街の新陳代謝による中心市街地の目に見える変化を生み出せるように、活性化のアプローチを進めていく必要がある」[4]と、結論づけられることになる。

　以上を要約すれば、フラノマルシェが年間約80万人の集客効果を有し、その滲み出し効果により周辺商店街の賑わいは創出できているものの、残念ながら現状は中心市街地全体までは波及していないと、総括されていると言ってもよかろう。

　もちろん、この間中心市街地全体の活性化のために、手をこまねいていたわけではない。フラノマルシェの集客効果を全域に波及させるために、商店街が特色あるまちづくり、魅力ある個店づくりに着手することが重要であると認識し、市内商店街経営者向けに以下のような各種セミナーを開催しているからである。

①スイーツ、特産品をテーマとした商品開発（2008、2010 年度）…小規模事業者新事業全国展開支援事業

②一店逸品運動（2010 年度）…中心市街地活性化セミナー

③一店逸品運動調査（2011 年度）…小規模事業者地域力活用新事業全国展開支援事業

④市内ポイントカード事業の統一と IC 化による商店街ポイントカード事業の高度化（2011 年度）

⑤まちゼミによる誘客の仕掛けづくり…中心市街地商業活性化診断・サポート事業

具体的には、

・地元にこだわった料理（地元食材）を認定し、認定された飲食店には「グリーン・フラッグ」を店頭に掲示することで、地元食材の利用を促進し、市民や観光客にとっての店選びのイベント性を高めるグリーン・フラッグ推進事業

・スパイス以外はすべて富良野産の食材で賄えるカレーに着目し、「フラノオムカレー」として全国 B1 グランプリにも参加するなど、富良野地域の一次産業から三次産業まで様々な業種、分野でカレーのまち「ふらの」ブランドの価値を高めようとした食のトライアングル（農、商、消）研究事業

図7　フラノオムカレー（写真提供：ふらのまちづくり株式会社　図7、8、12）

図8　なまら棒

・日商の地域資源∞プロジェクト補助事業を活用して、富良野商工会議所
　を中心に、行政、観光協会、物産振興会、商店街などとともに「フラノ
　ブランド検討委員会」を組織し、フードコーディネーターを派遣したり、
　技術指導・アドバイスなどを行うフラノブランド商品開発展開事業

など、枚挙にいとまがない。その一つの成果が、ラーメン店を経営してい
た富良野とみ川がフラノマルシェ店で開発・販売した「なまら棒」であり、
発売後1年間（2010年度）で9万4268本という大ヒット記録を打ち立て
ている。

　図9が示すように、ふらのまちづくり株式会社と富良野商工会議所が実
施した中心地活性化のソフト事業は、年度によって差はあるものの、フラ
ノマルシェが開業する前年の2009（平成21）年から突出して増えている。
後述する市内共通商品券の発行も含めて、フラノマルシェの集客効果を全
域に波及させようという狙いがあったことは明瞭に読み取ることができよう。

　以上は多様なメニューの一端に過ぎない。これ以外にも、地元消費と地
元商店街の利用を促進するために市内で利用できる共通商品券を発行して
いたが、とくに2009（平成21）年度以降「バイふらの運動推進セール」
などのイベントと連携した発行額が増えている。合わせてその共有化とリ
ピーター化を促進するため、市内ポイトカード事業の統一とIC化による高

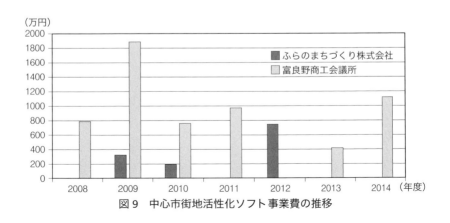

図9　中心市街地活性化ソフト事業費の推移

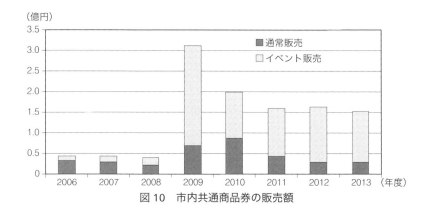

図10　市内共通商品券の販売額

度化を図った「新ふらのポイントカード」事業が展開されている。いわば
ありとあらゆる手段を用いて、既存商店街の活性化に取り組んできたと言
っても過言ではないのである。しかも重要なことは、マルシェ、マルシェ
2のような集客面での起爆剤がない限り、商店経営者の事業マインドや事
業環境を改善することはできなかったに違いないと推測されることである。
この点が意識されたのであろう、新計画ではフラノマルシェの集客効果を
商店街全体へ波及させるために以下のような内容に変更されている。

①中心市街地全体の回遊性を増すために、マルシェとJR富良野駅までの
　中間的エリアに「溜まり」となる拠点施設を配置する。
②ネーブルタウンには、市民が求める商業店舗の誘致、通年を通じて市民
　が気軽に利用でき、各種イベントの開催により自由に溜まれる空間「全
　天候型多目的空間（アトリウム）」を配置し、周辺商店街のにぎわいを創
　出する。
③市民、観光客に対して、まちなか駐車場「サンライズ・パーク（仮称)」
　整備事業により、日常・イベント開催時などにまちなかの駐車場を提供
　し、周辺商店街へ歩いて回遊する歩行者の増加を図る。
　このことに対応して、中心市街地77haの内、核拠点配置計画から回遊範

囲として想定できる区域を新たに重点区域＝新計画対象地域 30ha として設定することになった。

　新計画でも、前計画の「快適生活空間『ルーバン・フラノ』を目指して」は踏襲されつつも、基本的な方針として四つの目標を新たに掲げ、目標数値も以下のように変更されている。

【前計画】
目標1　滞留拠点の整備による地域経済のパイの拡大と商店街の賑わい
目標2　利便性・機能性に富む集合住宅建設による「まちなか居住」の促進
⇩
【新計画】
基本的方針＝目標（両者は、微妙に表現が異なるものの、同じ趣旨）
1.市民の中心市街地活性化への意識向上による協働のまちづくり　【賑わい感の向上】
2.まちなか居住環境の充実　　　　　　　　　　　　　　　　　　【居住人口】
3.商業集積の向上による集客力の強化（にぎわいの創出）　　　　【小売店舗数】
4.滞留拠点施設整備とまちなか情報の発信による回遊促進　　　　【歩行者通行量】

　前計画と比較して新たに追加されたのが、市民の賑わい感という指標であるが、それ以外は基本的に同じ指標が踏襲されている。「滞留拠点の整備による地域経済のパイの拡大」という表現こそなくなったものの、観光客の滞留拠点としてのマルシェ、そしてさらに観光客のみならず市民も加えていっそう集客効果を高めたネーブルタウンの事業完了を前提として、その爆発的とも言える集客効果を新たな滞留拠点施設整備と結びつけながら、中心市街地全体へ波及させるために回遊促進を図ろうとしていることが読みとれるのである。

3 ｜ 事業評価の新たな指標

　くり返し指摘するように、中心市街地活性化基本計画に基づく事業が成功したかどうかは、多額の補助金が投下される事業であるだけに、その説

明責任という観点からも「評価」が必要になる。しかし、中心市街地の活性化といったまちづくりの成果は複数の諸要因が複雑に絡み合うこと、また政策目標が曖昧であるため、その成果を測定することも困難であり、しかも政策目標の達成度を測る客観的な指標の入手が困難であるという問題が指摘されている[5]。そうした事情にもかかわらず、中心市街地活性化基本計画の策定・申請に際しては、国の指導によって、事前に指標による目標値を設定し、その目標値がどれほど達成されたかという評価を行うことが義務付けられているのである。指標としては、先に触れた歩行者通行量だけでなく、商店数の増減、新規事業者数といった経済的効果と市民の感じる賑わい感などの社会的効果に大きく分けられる。

　まず後者の「にぎわい感」は、市民が回答しているため被調査者による主観性は免れないとしても、活性化の目標の一つとして掲げた「市民との協働のまちづくり」に関連しており、重要な意味のある指標といえる。後述するように、ネーブルタウン内のタマリーバなど、地域の交流拠点として果たす役割は、極めて大きいからである。

　一方、歩行者通行量、商店数の増減、新規事業者数といった経済的効果を測定する指標は、客観的ではあるが、評価すべき実態を必ずしも表した数値とは言えない。というのは、先にも指摘したように、歩行者通行量は調査当日の天候に大きく左右されるために、実態を反映していないからである。また中心市街地の活性化を測る指標として商店数の増減、新規事業者数等は重要であるが、より直接的に活性化の程度を測定しようとすれば、個々の小売店舗の売上を把握する方が手っ取り早い。実際、SC や共同店舗の場合には、イベントなどの販促効果をテナントの売上によって把握し、販促方法を改善するための指標として用いているからである。しかし、商店街の場合、その構成店舗に対して売上の開示を求めることは至難の業であろう。そのため、次善の策として、売上に代わる指標として外形的に判断可能な店舗数や通行量の増減という間接的な指標が用いられていると言える。つまり、上述の指標は、客観的な数値によって測定され、またその

データの入手が容易であるといった条件を満たすものとして選択されていると言えようが、それ以外に中心市街地の活力、経済の実態を測定するのに相応しい指標や手法は存在しないのであろうか。

　もちろん、評価指標を何にするかは、中心市街地活性化基本計画において、そもそもどのような活性化の目標を掲げているのかという問題と表裏の関係にある。富良野市中心市街地活性化基本計画では、前計画では二つの目標、新計画ではほぼ重なっているものの四つの目標が掲げられていた。いずれも、複数の目標が設定され、多面的な角度から事業が評価されるようになっている。しかし、その中で戦略的に最も重視されている目標は、前計画では「滞留拠点の整備による地域経済のパイの拡大と商店街のにぎわい」であろう。滞留拠点の整備は、言うまでもなくなくマルシェであり、それは「まちなかの滞留拠点」として位置づけられ、そこに集客した市民や観光客を中心市街地内の商店街に誘導し、回遊性を高めることでエリア内の活性化を図るうえで重要な戦略的施設だからである。

　したがって、その事業成果を測る指標として、歩行者通行量の増加、そのことによって促進される商店街の活性化指標としての小売店舗数の増加、さらに中心市街地の魅力が増したことによるまちなか居住の増加という指標が挙げられていることは決して間違いではない。マルシェは富良野市中心市街地活性化基本計画において、中心市街地を活性化させる一連の流れの中で、まさに起爆剤としての役割を担うことが期待されているからである。しかし、その経済的効果を測定するために、前述した指標で果たして十分なのかという疑問が浮かぶ。というのも、前述した歩行者通行量、商店数の増減、新規事業者数といった経済的指標は中心市街地が変化していく場合のダイナミズムを捉えるというよりも、ある時点を切り取った成果指標にしか過ぎないからである。

　中心市街地には、様々な目的を持つ多様な人びとが訪れる。買い物であったり、友達との飲食であったり、あるいは病院や金融機関への用事であったりと、来街の目的は様々である。多くの人びとが集まれば、そこにビ

ジネスチャンスが生まれ、飲食であれ、物販であれ、出店によって儲かると判断すれば、新規事業者が参入する。同種の小売業や飲食店が増えると、競争が激しくなり、価格を引き下げたり、専門性や付加サービスを付け加えたりすることで差別化を図る事業者が増えることになる。こうした店舗・飲食店の多様性は、消費者にとっては選択肢が増え、利便性が増すことを意味し、中心市街地をいっそう魅力的な場所に変化させていくであろう。

　このことは、飲食や物販に限られるわけではない。関連する各種サービス業が競って出店するようになり、同じように差別化を通じてより細分化し、専門性を高めていくであろう。こうして中心市街地における商業やサービス業などの都市機能の集積がいっそう高まり、魅力が増すと、さらに多くの人びとが広域から来街したり、来街頻度を高めたりすることにつながるのである。そうなると、より外縁的に拡大した市場＝需要を前提として、様々な業種で競争を通じて多様性と専門性が促進され、都市機能がさらに充実するようになるのである。このようにして、中心市街地はまさにスパイラル状に発展していくことになるが、ここには都市の拡大均衡モード[6]とも呼ぶべきメカニズムが働いている。

　逆に、郊外に人口が移動し、郊外に大規模なSCが出来上がるようになると、中心市街地の集積の魅力は低下し始め、来街する人びとが減少するようになると、市場＝需要が縮小した状況で事業の採算が取れなくなった飲食や物販などの店舗が撤退することになろう。そうなると、ますます中心市街地の魅力は低下し、衰退という、まさに負のスパイラルに陥ることになる。ここには拡大均衡モードとは正反対の縮小均衡モードが働いている状況と言える。

　ひとたび縮小均衡モードが働くようになった中心市街地を拡大均衡モードに転換することは容易ではない。なぜなら、中心市街地の魅力が低下し、来街者が減少していく中で、そこにあえてビジネスチャンスを求め、新規参入する事業者は少ないからであり、前述した負のスパイラルが働くからである。もちろん、中心市街地の衰退とともに、地価が下がり、そこに投

資機会を見出そうとする事業者は存在するかもしれない。しかし、そこには一定の市場＝需要が存在していることが前提であり、需要＝売上に比べて地価・賃料が割安と認識された時に、初めて投資が行われると考えるべきであろう。そういう意味で、マルシェの開業は、多くの中心市街地であれば極めて困難な縮小均衡モードから脱却し、拡大均衡モードへ転換させた起爆剤であったと考えることができる。観光客を含めて来街者を増やしたことが、そこにビジネスチャンスを見出す事業者を生み出し、そのことによって初めて店舗の新築、改装、さらには新規事業者の参入を呼び起こしたと言うことができるからである。

　このように、まちは様々な経済活動が相互に絡み合いながら、互いに事業投資の連鎖反応を引き起こし、刻々とその態様を変化させる。マルシェの開業が第一の矢として観光客を中心市街地に引き込むことでまちの賑わいを創出したとすれば、そのことが周辺事業者の事業意欲を刺激し、ネーブルタウン内への新規出店や店舗の改装などの投資を誘引することになったのである。これが第二の矢だとすれば、それはさらなる投資を誘引し、まちを大きく変えていくに違いない。まちが大きく変わる場合には、こうしたハード投資が不可欠なのである。こうした生きているまちの実態を測る指標として、前述した歩行者通行量の増減は、その一時点を切り取った一つの成果指標であることは間違いない。しかし、変化するまちを測る指標としては、一面的であり、連鎖反応のプロセスの「結果」でしかない。生きている、動いているまちの実態を測定する別の指標が必要になるのではなかろうか。

　以上の検討を踏まえて、本書では富良野市中心市街地活性化基本計画に基づく事業の成果を測る指標として、数量的でなおかつまちの実態をより反映する不動産取引と経済的波及効果を重視することにしたい。

①路線地価ならびに不動産取引の実態

　前述したまちの活力を測定する指標として、これまでも不動産価格が取り上げられてきた。路線価が代表的な指標であるが、この指標は緩やかに

しか変化しないため、まさに生きて動いている経済の活力を測る指標としては不十分である。店舗投資が次の店舗投資を誘発し、連鎖的に反応していく経済的波及のプロセスの実態を分析することが求められているからである。そこで、本書では、路線価を補完するものとして、不動産における直接的な売買取引のデータを用いて、まちの動き、経済的活力を測ることにした。

②地域経済の循環という視点

　本書で取り上げるもう一つの指標は地域経済の循環を測定する経済波及効果である。マルシェ、マルシェ2の事業を評価するためには、その影響を中心市街地活性化のエリア内に限定することはできない。なぜなら、経済波及効果は前述した周辺の店舗に影響を与えるだけでなく、エリアを超えた地域の雇用・所得に対する波及効果を持っているからである。

　地域経済論の「地域内経済循環」という視点に立てば、マルシェ、マルシェ2の事業による経済的効果は、以下の図11によって理解することができる。

　地域経済論では、富良野の特産品であるアスパラ、メロンなどの農産物を域外に販売する農業を始めとして、域内で生産された商品やサービスを域外へ「移出」することで外貨を獲得する製造業、農業、観光産業などが「基盤産業」と呼ばれる。この基盤産業をいかに育成し、外貨を稼ぐことができるかが重要になる。他方、地域内の住民の需要を満たす飲食・小売、サ

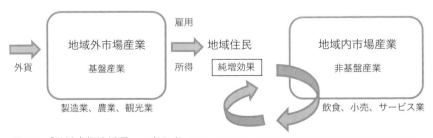

図11　「地域内経済循環」の考え方 (出典：伊藤正昭「停滞する地域経済循環と地域産業の活性化」 *CUC View & Vision*（千葉商科大学）No. 36、2013年、5頁を参考に筆者作図)

ービス業などは「非基盤産業」に分類される。この分類に従えば、マルシェ、マルシェ2は、域内の消費者を対象とする非基盤産業と考えられるが、実際には年間121万人の集客の中で観光客をも呼びこみ、域外から外貨を稼ぐ基盤産業と言える。

　一方、非基盤産業の代表例である小売業について言えば、住民は域内で消費することを前提としているが、後述するように、食料品は市民生協など市内での購入であるのに対し、非食料品では旭川市内のイオンSCなどでの購入が多くなっている。旭川など域外での買い物は、本来域内で回るはずのお金が域外へ流出していることを意味し、域内での雇用、所得を引き下げることになる。

　また中心市街地の活性化として、しばしば集客イベントが行われ、このイベントに何人参加したか、その結果、関連する商店街の売上がどのくらい上がったかが、一つの成果指標とされることが多い。しかし、イベントが行われるということは、地元のイベント業者に企画・運営が任され、そこからさらにイベントチラシの印刷、当日設営される音響機器のリース、運営アルバイトなど、雇用や所得が発生することになろう。もちろん、イベント業者は東京や旭川の事業者でもありえるが、その場合には地元での雇用・所得は発生しないことになる。本来、地域内で請け負うべき事業者が存在しなかったために、そのためのお金が地域外へ流出したことを意味する。こうして単にイベントの実施によって何人が来街し、またお金を落としていったのか、言いかえれば商店街などの売上につながったかだけではなく、地域全体として所得や雇用がどれだけ増えたのかという地域経済の循環が重要であり、それを理解することが必要になるのである[7]。

　地域内経済循環の視点から経済波及効果を測定する場合に、直接的効果と間接的効果に分けるのが一般的である。すなわち、域外から外貨を稼ぐマルシェ、マルシェ2の事業は、まず施設を建設することで域内での建設投資効果を生み、そのことによって新たな事業や雇用機会が創造され、所得の増加につながる。他方で、マルシェ内の商業施設であるアルジャンは、

図12　観光客で賑わうアルジャン店内

売上のほとんどが観光客の購入＝外貨だとすれば、それはアルジャンやそこで富良野の土産を販売する事業者の事業と雇用を通じて所得を増加させることになる。こうした所得はその分消費支出を増加させる消費効果を持つことになる。

　こうして地域内への初期投資が第一段階（初期、直接的）→第二段階（副次的）というように波及していく経済効果を測定することが重要になる。こうした経済的波及効果を「地域内経済循環」と呼ぶとすれば、これは後述するように産業連関表を用いて定量的にその効果を測定することが可能である。

　以下の章では、歩行者通行量、商店数の増減、新規事業者数、居住人口といった「目に見える」指標のみならず、それに加えて事業投資の連鎖反応というダイナミックな変化を捉え、なおかつ中心市街地内では完結しない、地域への経済波及効果を含めた「地域経済の循環」という指標を用いた分析に進むことにしたい。

注
1　富良野市中心市街地活性化基本計画（平成 28 年 7 月 29 日変更）
2　同上。
3　同上、57 頁。
4　同上、71 頁。
5　渡辺達朗『商業まちづくり政策』第 7 章、有斐閣、2016 年。
6　加藤司「『所縁型』商店街組織のマネジメント」加藤司編著『流通理論の透視力』第 9 章、千倉書房、2003 年。
7　中村良平『まちづくり構造改革』日本加除出版株式会社、2014 年。

第 3 章
産業連関表で見るフラノマルシェ事業の経済波及効果

　本章ではマルシェ事業、すなわちフラノマルシェ開発事業（平成21年度経済産業省戦略的中心市街地商業等活性化支援事業）及び、ネーブルタウン事業（富良野市東4条街区地区第一種市街地再開発事業）の経済波及効果を定量的かつ概括的に見積もる。

　フラノマルシェ開発事業については、2011（平成23）年3月に富良野市中心市街地商業活性化診断・サポート事業C型報告書内にて独立行政法人中小企業基盤整備機構北海道支部が産業連関表を用いた経済波及効果の推計を実施している。そこでは、フラノマルシェの建設投資効果約3.7億円は約5.9億円まで波及し、約1.591倍の乗数効果があり、フラノマルシェの消費効果はオープンから8ヶ月の売上金約5.0億円に対して消費効果は9.7億円まで波及し、1.9401倍の乗数効果があると推計されている。

　本書では、経済波及効果を見積もる手法として一般的な産業連関分析[1,2]を用いた。使用する産業連関表はインターネット経由で入手できる、北海道における最新の平成23年北海道産業連関表[3]とした。部門数は33部門とした。

1 │ 波及効果見積もりの範囲

　波及効果として見積に含める範囲としては一般的な直接効果、間接1次効果、間接2次効果とした[4]。直接効果は、事業により直接生み出された需要による経済効果である。間接1次効果は、直接効果が産業連関を通じて生産を誘発し波及することによる経済効果であり、間接2次効果は、直接

効果と間接1次効果による雇用者所得増が生み出す消費による経済効果である。

　また、直接効果としては、フラノマルシェ開発事業及びネーブルタウン事業の初期投資による需要の増分と事業開発完了後の施設運営によるその施設での需要の増分を含めている。ただし、ふらのまちづくり株式会社が関与していない事業者による初期投資、及び、施設運営による需要増については、フラノマルシェ及びマルシェ2の店舗における増分のみを対象としている。ネーブルタウン事業に含まれる認可保育所、介護付き有料老人ホーム、クリニック、薬局については事業者による初期投資や施設運営による需要増に関する定量的なデータが得られないため、ここでは対象に含めていない。また、フラノマルシェやマルシェ2の施設外での需要増も同様に対象に含めていない。

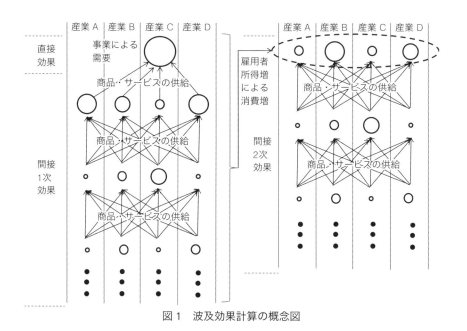

図1　波及効果計算の概念図

2 │ 直接効果

　波及効果の源としての直接効果は表1に示す金額に設定した。総額で65億8000万円となっている。以下直接効果の内訳について表1の各列ごとに述べる。

① フラノマルシェ開発事業の初期投資

　ふらのまちづくり株式会社が借入金や補助金を原資として実施した初期投資（表1①）と、フラノマルシェの店舗が自前で揃えた設備備品に関する投資（表1②）を初期投資により増大した需要とした。金額はふらのまちづくり株式会社の決算内容から見た支出内訳とフラノマルシェの各店舗に聞いた初期投資額より設定した。

　ふらのまちづくり株式会社による初期投資は大半を建設業への需要としている。これは建設工事費が市内の建設会社への発注・支出であったため、全額を域内需要増としている。各店舗より聞いた設備備品への投資額はふらのまちづくり株式会社の初期投資に比べると少額となっており、後述するように仕入の大半を道内から実施していることから類推して、全額を域内需要と仮定した。

② フラノマルシェの店舗運営による売上

　2010（平成22）年度から2015（平成27）年度までの売上高のデータを基に需要の増分を見積もった（表1③）。店舗数で大半を占める飲食店の売上は平成23年北海道産業連関表の33部門分類[5]でサービス業に属するため、サービス業に対する需要増と設定した。物販の店舗については、各店舗に聞いた北海道内での調達率(本章第8項にて後述)を考慮して、農業、各種製造業、商業、運輸・情報通信に金額を割り振って設定した。割り振り比率の設定にあたっては、国の平成23年産業連関表[6]の投入表と部門分類表を参照した。加工食品の販売が多いことから食料品への寄与が大きく

なっている。

　また、このフラノマルシェの店舗運営による需要増は直接効果の要因として金額が最も大きい項目となっている。フラノマルシェの事業運営が好

表1　直接効果

単位：百万円 （小数点以下 3桁まで表示）	①マルシェ初期需要（まちづくり会社）	②マルシェ初期需要（店舗）	③マルシェ店舗運営	④ネーブルタウン初期需要（まちづくり会社）	⑤ネーブルタウン初期需要（マルシェ2店舗）	⑥マルシェ2店舗運営	合計 （①～⑥）
01　耕種農業	0.000	0.000	141.886	0.000	0.000	10.175	152.061
02　畜産	0.000	0.000	0.000	0.000	0.000	0.000	0.000
03　林業	0.000	0.000	0.000	0.000	0.000	0.000	0.000
04　漁業	0.000	0.000	0.000	0.000	0.000	0.000	0.000
05　鉱業	0.000	0.000	0.000	0.000	0.000	0.000	0.000
06　食肉・畜産食料品	0.000	0.000	331.292	0.000	0.000	1.455	332.747
07　水産食料品	0.000	0.000	0.000	0.000	0.000	0.000	0.000
08　その他の食料品	0.000	0.000	1,246.925	0.000	0.000	13.349	1,260.274
09　繊維	0.000	0.000	0.000	0.000	0.000	0.000	0.000
10　木材・家具	0.000	0.182	0.000	0.000	0.051	0.000	0.233
11　パルプ・紙	0.000	0.000	0.000	0.000	0.000	0.000	0.000
12　印刷・製版・製本	0.000	0.000	0.000	0.000	0.000	0.000	0.000
13　化学製品	0.000	0.000	0.000	0.000	0.000	0.000	0.000
14　石油・石炭製品	0.000	0.000	0.000	0.000	0.000	0.000	0.000
15　皮革・ゴム	0.000	0.000	0.000	0.000	0.000	0.000	0.000
16　窯業・土石製品	0.000	0.000	0.000	0.000	0.000	0.256	0.256
17　銑鉄・粗鋼	0.000	0.000	0.000	0.000	0.000	0.000	0.000
18　鉄鋼一次製品	0.000	0.000	0.000	0.000	0.000	0.000	0.000
19　非鉄金属一次製品	0.000	0.000	0.000	0.000	0.000	0.000	0.000
20　金属製品	0.000	2.186	0.000	0.000	0.608	0.000	2.793
21　機械	0.000	2.186	0.000	0.000	0.608	0.000	2.793
22　その他の製造品	0.000	0.000	0.000	0.000	0.000	1.914	1.914
23　建築・土木	351.445	0.000	0.000	2,369.536	0.000	0.000	2,720.981
24　電力・ガス・水道	0.000	0.000	0.000	0.000	0.000	0.000	0.000
25　商業	0.000	8.194	940.236	0.000	2.278	18.035	968.743
26　金融・保険・不動産	0.000	0.000	0.000	0.000	0.000	0.000	0.000
27　運輸・郵便	0.000	0.163	68.718	0.000	0.045	0.786	69.712
28　情報通信	0.000	0.000	0.000	0.000	0.000	0.000	0.000
29　公務	0.000	0.000	0.000	0.000	0.000	0.000	0.000
30　公共サービス	0.000	0.000	0.000	0.000	0.000	0.000	0.000
31　サービス業	3.323	0.000	557.350	422.614	0.000	84.452	1,067.739
32　事務用品	0.000	0.000	0.000	0.000	0.000	0.000	0.000
33　分類不明	0.000	0.000	0.000	0.000	0.000	0.000	0.000
合計	354.768	12.910	3,286.407	2,792.151	3.589	130.422	6,580.247

調で徐々に売上規模が大きくなっていることと、2010（平成22）年4月以降、6年間事業を継続しており、その期間の累計となっているためである。

　店舗運営による需要増は、仮に、マルシェの店舗が新しく需要を生み出したというわけではなく、周辺から需要を奪ったのであれば、需要増とは見なせないことになる。しかし、現地でのヒアリングでは、マルシェの店舗が周辺の既存店舗の売上を奪っているという事実は確認できなかった。周辺の店舗からはマルシェに訪れる観光客の回遊に関する要望はあるものの、顧客を奪われたとの苦情は聞かれないとのことであった。従って、ここでは運営による売上は需要の増分として直接効果に含めている。

③ ネーブルタウン事業の初期投資

　ネーブルタウン事業についても、ふらのまちづくり株式会社による投資と、各店舗による投資を含めた（表1④⑤）。前者については道外への支払いはないとのことで、域内需要増と設定した。工事費は建設業への需要、調査設計費や委託費はサービス業への需要とした。ネーブルタウン事業に関わるふらのまちづくり株式会社による投資は、フラノマルシェの店舗運営には及ばないものの金額規模が大きく、経済波及効果への寄与も大きくなっている。ネーブルタウン事業に含まれる認可保育所、介護付き有料老人ホーム、クリニック、薬局については運営による需要増は本分析の範囲に含めていないが、ふらのまちづくり株式会社による初期投資については含まれていることも金額規模が大きくなっている理由である。

　マルシェ2の各店舗による初期投資の扱いは①と同様である。

④ マルシェ2店舗運営による売上

　マルシェ2の店舗運営による直接効果についても②と同様に見積もって設定した（表1⑥）。店舗構成が異なるため、33部門への寄与の構成は②とは異なっている。また、マルシェ2がオープンしたのは2015（平成27）年6月であり、②と比較して、営業年数が短いため金額規模が小さくなっている。

3 │ 間接 1 次効果

産業連関表による波及効果分析では、生産誘発額は次式で表すことがで

表 2　間接 1 次効果

単位：百万円 （小数点以下 3 桁まで表示）	①マルシェ初期需要（まちづくり会社）	②マルシェ初期需要（店舗）	③マルシェ店舗運営	④ネーブルタウン初期需要（まちづくり会社）	⑤ネーブルタウン初期需要（マルシェ2店舗）	⑥マルシェ2店舗運営	合計 （①～⑥）
01 耕種農業	0.715	0.007	196.507	7.674	0.002	2.859	207.764
02 畜産	0.322	0.006	227.139	4.609	0.002	2.680	234.758
03 林業	1.340	0.054	3.717	9.620	0.015	0.166	14.911
04 漁業	0.125	0.002	5.384	1.911	0.001	0.271	7.694
05 鉱業	0.932	0.014	2.982	6.588	0.004	0.113	10.633
06 食肉・畜産食料品	0.336	0.006	38.469	5.142	0.002	0.890	44.845
07 水産食料品	0.121	0.002	7.577	1.856	0.001	0.288	9.846
08 その他の食料品	1.088	0.021	156.217	16.419	0.006	3.486	177.237
09 繊維	0.058	0.003	0.565	0.472	0.001	0.027	1.125
10 木材・家具	5.025	0.027	4.188	34.529	0.007	0.198	43.975
11 パルプ・紙	1.199	0.068	29.363	9.649	0.019	0.769	41.066
12 印刷・製版・製本	0.486	0.049	14.708	4.751	0.014	0.486	20.492
13 化学製品	0.341	0.011	6.776	2.708	0.003	0.274	10.113
14 石油・石炭製品	6.887	0.156	46.064	50.529	0.043	1.603	105.283
15 皮革・ゴム	0.053	0.002	0.466	0.542	0.001	0.043	1.106
16 窯業・土石製品	13.397	0.041	6.232	91.005	0.011	0.268	110.955
17 銑鉄・粗鋼	4.064	0.279	1.592	27.563	0.078	0.058	33.634
18 鉄鋼一次製品	5.470	0.377	2.136	37.101	0.105	0.078	45.267
19 非鉄金属一次製品	0.190	0.011	0.259	1.304	0.003	0.008	1.776
20 金属製品	10.971	0.099	10.757	74.549	0.027	0.259	96.664
21 機械	0.857	0.090	5.231	8.217	0.025	0.547	14.968
22 その他の製造品	1.648	0.038	12.226	12.224	0.011	0.461	26.608
23 建築・土木	1.575	0.118	22.020	13.140	0.033	0.885	37.771
24 電力・ガス・水道	7.415	0.446	111.717	67.052	0.124	5.041	191.795
25 商業	23.117	0.438	172.743	174.082	0.122	6.161	376.663
26 金融・保険・不動産	10.737	0.590	107.695	84.603	0.164	4.169	207.958
27 運輸・郵便	14.392	0.334	113.035	105.850	0.093	3.508	237.212
28 情報通信	4.805	0.301	62.087	44.950	0.084	3.429	115.657
29 公務	0.797	0.014	3.696	5.741	0.004	0.137	10.388
30 公共サービス	2.877	0.203	32.343	23.470	0.056	1.253	60.202
31 サービス業	47.023	0.941	233.424	354.246	0.262	11.143	647.039
32 事務用品	0.619	0.026	5.591	5.061	0.007	0.259	11.562
33 分類不明	6.193	0.107	28.735	44.633	0.030	1.064	80.762
合計	175.176	4.881	1,671.642	1,331.790	1.357	52.882	3,237.728

きる[1]。

$$X = [I - (I - M)A]^{-1} \triangle F \qquad ①$$

ここで、X：生産誘発額ベクトル、I：単位行列、M：輸移入係数行列、A：投入係数行列、$\triangle F$：最終需要増分ベクトルである。①式を変形すれば、

$$X = \triangle F + [I - (I - M)A]^{-1}(I - M)A \triangle F \qquad ②$$

となり、右辺の$\triangle F$として前項で述べた直接効果を代入すれば、右辺第1項は$\triangle F$そのものであるので当然直接効果を表し、第2項が間接1次効果を表すこととなる[2]。

ここで、Aには平成23年北海道産業連関表の33部門のものを用いた。Mは取引基本表の道内需要合計と調整項及び輸移入計から計算した。結果として得られた間接1次効果は表2の通りとなった。総額で32億3800万円となっている。

4 ｜間接2次効果

間接2次効果は、直接効果と間接1次効果が生産を誘発する企業に雇用されている従業員等の所得についての増分を見積もることで算出した。平成23年北海道産業連関表の取引基本表の雇用者所得と道内生産額の数値から各部門で直接効果と間接1次効果により誘発される雇用者所得の増分をまず計算した。その結果を表3に示す。特徴的なのは、直接効果も間接1次効果もマルシェの店舗運営の方がネーブルタウンのまちづくり会社による初期投資よりも金額規模が大きかったが、雇用者所得誘発額では逆転していることである。これは、取引基本表の建築・土木部門の雇用者所得金額の道内生産額に対する比率が比較的大きめであることに起因する。

そして、2011（平成23）年の家計調査年報[7]の数値を用いて北海道における実収入と消費支出の比率である0.564をかけることで、消費の増加額を見積もった。その各部門の合計金額に、取引基本表最終需要項目である民間消費支出の各部門構成比率をさらにかけることで、増加した消費によ

る需要増加額を部門別に割り振った。そうして算出したベクトルに $I-M$ をかけて域内での需要増を算出した。その結果を①式の $\triangle F$ に代入して間接2次効果を算定した。得られた結果が表4である。合計金額は15億2600

表3　雇用者所得誘発額

単位：百万円 （小数点以下 3桁まで表示）	①マルシェ初期需要（まちづくり会社）	②マルシェ初期需要（店舗）	③マルシェ店舗運営	④ネーブルタウン初期需要（まちづくり会社）	⑤ネーブルタウン初期需要（マルシェ2店舗）	⑥マルシェ2店舗運営	合計 （①〜⑥）
01 耕種農業	0.054	0.001	25.474	0.578	0.000	0.981	27.088
02 畜産	0.030	0.001	21.389	0.434	0.000	0.252	22.106
03 林業	0.310	0.012	0.859	2.223	0.003	0.038	3.445
04 漁業	0.025	0.000	1.081	0.384	0.000	0.054	1.545
05 鉱業	0.177	0.003	0.566	1.250	0.001	0.021	2.017
06 食肉・畜産食料品	0.035	0.001	38.753	0.539	0.000	0.246	39.573
07 水産食料品	0.014	0.000	0.867	0.212	0.000	0.033	1.127
08 その他の食料品	0.144	0.003	185.519	2.171	0.001	2.226	190.063
09 繊維	0.019	0.001	0.191	0.160	0.000	0.009	0.380
10 木材・家具	1.034	0.043	0.861	7.102	0.012	0.041	9.092
11 パルプ・紙	0.135	0.008	3.313	1.089	0.002	0.087	4.633
12 印刷・製版・製本	0.149	0.015	4.491	1.451	0.004	0.148	6.258
13 化学製品	0.030	0.001	0.592	0.237	0.000	0.024	0.884
14 石油・石炭製品	0.085	0.002	0.570	0.625	0.001	0.020	1.302
15 皮革・ゴム	0.016	0.001	0.143	0.166	0.000	0.013	0.339
16 窯業・土石製品	2.759	0.008	1.284	18.743	0.002	0.108	22.905
17 銑鉄・粗鋼	0.131	0.009	0.052	0.892	0.003	0.002	1.088
18 鉄鋼一次製品	0.371	0.026	0.145	2.513	0.007	0.005	3.067
19 非鉄金属一次製品	0.036	0.002	0.048	0.244	0.001	0.002	0.333
20 金属製品	3.251	0.677	3.188	22.091	0.188	0.077	29.472
21 機械	0.178	0.473	1.087	1.707	0.131	0.114	3.690
22 その他の製造品	0.401	0.009	2.973	2.972	0.003	0.578	6.935
23 建築・土木	124.382	0.042	7.758	839.505	0.012	0.312	972.010
24 電力・ガス・水道	1.361	0.082	20.499	12.304	0.023	0.925	35.193
25 商業	9.533	3.560	458.993	71.791	0.990	9.978	554.846
26 金融・保険・不動産	1.327	0.073	13.309	10.456	0.020	0.515	25.700
27 運輸・郵便	5.227	0.181	66.005	38.440	0.050	1.559	111.462
28 情報通信	1.005	0.063	12.992	9.406	0.018	0.718	24.201
29 公務	0.302	0.005	1.402	2.177	0.001	0.052	3.939
30 公共サービス	1.522	0.107	17.115	12.419	0.030	0.663	31.857
31 サービス業	16.008	0.299	251.438	247.014	0.083	30.396	545.239
32 事務用品	0.000	0.000	0.000	0.000	0.000	0.000	0.000
33 分類不明	0.214	0.004	0.993	1.543	0.001	0.037	2.791
合計	170.265	5.709	1,143.949	1,312.836	1.587	50.234	2,684.581

万円となった。

表4　間接2次効果

単位：百万円 （小数点以下 3桁まで表示）	①マルシェ初期需要（まちづくり会社）	②マルシェ初期需要（店舗）	③マルシェ店舗運営	④ネーブルタウン初期需要（まちづくり会社）	⑤ネーブルタウン初期需要（マルシェ2店舗）	⑥マルシェ2店舗運営	合計 （①〜⑥）
01 耕種農業	1.112	0.037	7.468	8.571	0.010	0.328	17.526
02 畜産	0.688	0.023	4.623	5.306	0.006	0.203	10.849
03 林業	0.125	0.004	0.842	0.966	0.001	0.037	1.975
04 漁業	0.259	0.009	1.741	1.998	0.002	0.076	4.086
05 鉱業	0.150	0.005	1.005	1.154	0.001	0.044	2.359
06 食肉・畜産食料品	0.738	0.025	4.960	5.692	0.007	0.218	11.639
07 水産食料品	0.411	0.014	2.760	3.167	0.004	0.121	6.477
08 その他の食料品	4.163	0.140	27.971	32.101	0.039	1.228	65.642
09 繊維	0.084	0.003	0.568	0.651	0.001	0.025	1.332
10 木材・家具	0.133	0.004	0.891	1.022	0.001	0.039	2.090
11 パルプ・紙	0.360	0.012	2.416	2.772	0.003	0.106	5.669
12 印刷・製版・製本	0.318	0.011	2.136	2.451	0.003	0.094	5.012
13 化学製品	0.221	0.007	1.484	1.703	0.002	0.065	3.482
14 石油・石炭製品	2.461	0.083	16.533	18.974	0.023	0.726	38.800
15 皮革・ゴム	0.037	0.001	0.246	0.283	0.000	0.011	0.578
16 窯業・土石製品	0.148	0.005	0.992	1.138	0.001	0.044	2.327
17 銑鉄・粗鋼	0.028	0.001	0.186	0.213	0.000	0.008	0.436
18 鉄鋼一次製品	0.059	0.002	0.395	0.453	0.001	0.017	0.927
19 非鉄金属一次製品	0.007	0.000	0.049	0.056	0.000	0.002	0.115
20 金属製品	0.171	0.006	1.152	1.322	0.002	0.051	2.703
21 機械	0.575	0.019	3.865	4.435	0.005	0.170	9.070
22 その他の製造品	0.344	0.012	2.311	2.652	0.003	0.101	5.423
23 建築・土木	1.272	0.043	8.543	9.805	0.012	0.375	20.049
24 電力・ガス・水道	5.312	0.178	35.692	40.961	0.050	1.567	83.761
25 商業	15.741	0.528	105.759	121.373	0.147	4.644	248.191
26 金融・保険・不動産	25.837	0.866	173.589	199.217	0.241	7.623	407.373
27 運輸・郵便	4.969	0.167	33.384	38.313	0.046	1.466	78.344
28 情報通信	4.819	0.162	32.376	37.156	0.045	1.422	75.979
29 公務	0.346	0.012	2.326	2.669	0.003	0.102	5.458
30 公共サービス	8.621	0.289	57.924	66.475	0.080	2.544	135.933
31 サービス業	16.585	0.556	111.426	127.877	0.155	4.893	261.491
32 事務用品	0.142	0.005	0.951	1.091	0.001	0.042	2.232
33 分類不明	0.526	0.018	3.535	4.056	0.005	0.155	8.295
合計	96.760	3.245	650.097	746.074	0.902	28.548	1,525.626

5 │ 総合効果

表 5 に直接効果、間接 1 次効果、間接 2 次効果を合計した総合効果を示

表 5　総合効果

単位：百万円 (小数点以下 3 桁まで表示)	①マルシェ初期需要(まちづくり会社)	②マルシェ初期需要（店舗）	③マルシェ店舗運営	④ネーブルタウン初期需要(まちづくり会社)	⑤ネーブルタウン初期需要(マルシェ2店舗)	⑥マルシェ2店舗運営	合計 (①～⑥)
01 耕種農業	1.827	0.045	345.861	16.244	0.012	13.362	377.350
02 畜産	1.010	0.029	231.762	9.915	0.008	2.883	245.608
03 林業	1.466	0.058	4.559	10.586	0.016	0.202	16.887
04 漁業	0.384	0.011	7.125	3.910	0.003	0.348	11.780
05 鉱業	1.082	0.019	3.988	7.742	0.005	0.157	12.992
06 食肉・畜産食料品	1.074	0.031	374.721	10.834	0.009	2.563	389.231
07 水産食料品	0.532	0.016	10.337	5.024	0.004	0.410	16.323
08 その他の食料品	5.252	0.161	1431.113	48.520	0.045	18.064	1,503.154
09 繊維	0.142	0.005	1.133	1.124	0.001	0.051	2.457
10 木材・家具	5.158	0.213	5.079	35.551	0.059	0.237	46.298
11 パルプ・紙	1.559	0.080	31.778	12.421	0.022	0.875	46.735
12 印刷・製版・製本	0.804	0.059	16.844	7.202	0.016	0.579	25.505
13 化学製品	0.562	0.018	8.260	4.411	0.005	0.339	13.595
14 石油・石炭製品	9.347	0.239	62.598	69.504	0.066	2.329	144.083
15 皮革・ゴム	0.090	0.003	0.712	0.824	0.001	0.054	1.684
16 窯業・土石製品	13.545	0.046	7.224	92.143	0.013	0.568	113.539
17 銑鉄・粗鋼	4.092	0.280	1.778	27.776	0.078	0.066	34.070
18 鉄鋼一次製品	5.529	0.379	2.531	37.554	0.105	0.095	46.194
19 非鉄金属一次製品	0.198	0.012	0.308	1.361	0.003	0.010	1.892
20 金属製品	11.143	2.290	11.909	75.871	0.637	0.310	102.160
21 機械	1.433	2.295	9.096	12.653	0.638	0.717	26.831
22 その他の製造品	1.992	0.050	14.537	14.876	0.014	2.477	33.946
23 建築・土木	354.291	0.161	30.563	2,392.481	0.045	1.260	2,778.802
24 電力・ガス・水道	12.727	0.624	147.409	108.014	0.174	6.608	275.555
25 商業	38.858	9.159	1,218.738	295.454	2.546	28.840	1,593.596
26 金融・保険・不動産	36.573	1.457	281.284	283.819	0.405	11.792	615.331
27 運輸・郵便	19.361	0.664	215.136	144.162	0.185	5.760	385.268
28 情報通信	9.624	0.463	94.464	82.106	0.129	4.851	191.636
29 公務	1.143	0.025	6.022	8.410	0.007	0.239	15.846
30 公共サービス	11.498	0.492	90.267	89.945	0.137	3.796	196.135
31 サービス業	66.931	1.497	902.200	904.737	0.416	100.488	1,976.269
32 事務用品	0.760	0.030	6.541	6.152	0.008	0.301	13.794
33 分類不明	6.719	0.125	32.269	48.689	0.035	1.219	89.057
合計	626.704	21.036	5,608.146	4,870.015	5.848	211.852	11,343.601

す。総合効果の合計額は 113 億 4400 万円となった。直接効果に対する比率は 1.72 倍となった。

　また、表 6 に各効果の金額と直接効果の金額に対する比率を示す。ふらのまちづくり株式会社による初期投資は間接 1 次効果、間接 2 次効果の直接効果に対する比率が高めであり、総合効果も他に比べて直接効果に対する比率が高めとなっている。つまり、より大きく波及している結果となっている。

　ただし、直接効果の特性自体は初期投資が一度きりのものであるのに対して、運営による需要増は継続的なものであることに留意する必要がある。

表 6　各効果の金額と直接効果に対する比率

単位：百万円（小数点以下 3 桁まで表示）	①マルシェ初期需要(まちづくり会社)	②マルシェ初期需要（店舗）	③マルシェ店舗運営	④ネーブルタウン初期需要（まちづくり会社）	⑤ネーブルタウン初期需要（マルシェ2店舗）	⑥マルシェ2店舗運営	合計（①〜⑥）
直接効果	354.768	12.910	3,286.407	2,792.151	3.589	130.422	6,580.247
直接効果に対する比率	100%	100%	100%	100%	100%	100%	
間接 1 次効果	175.176	4.881	1671.642	1331.790	1.357	52.882	3,237.728
直接効果に対する比率	49%	38%	51%	48%	38%	41%	
間接 2 次効果	96.760	3.245	650.097	746.074	0.902	28.548	1,525.626
直接効果に対する比率	27%	25%	20%	27%	25%	22%	
総合効果	626.704	21.036	5,608.146	4,870.015	5.848	211.852	1,1343.601
直接効果に対する比率	177%	163%	171%	174%	163%	162%	

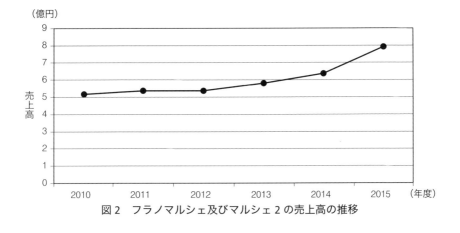

図 2　フラノマルシェ及びマルシェ 2 の売上高の推移

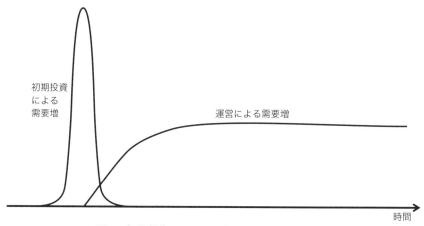

図 3　初期投資による需要増と運営による需要増

後者は運営をつづけることで直接効果自体の金額が増加していくので、間接1次効果、間接2次効果への波及の比率が相対的に低くとも、時間が経つにつれて総合効果の金額の絶対値は増加していくことになる。図2に示すようにフラノマルシェ及びマルシェ2の売上高は増加し続けている。このことも運営継続による直接効果の増加を加速している。

6 ｜ 見積もり範囲外の影響

　今回、算定の基礎となる定量的なデータが得られなかったため、直接効果としての計算に含めなかったが、実際にはフラノマルシェ開発事業及び、ネーブルタウン事業の経済効果としてあると考えられるものとしては下記が挙げられる。

①マルシェ2の店舗以外のネーブルタウン事業施設（認可保育所、介護付き有料老人ホーム、クリニック、薬局）の事業者による初期投資
②マルシェ2の店舗以外のネーブルタウン事業施設（認可保育所、介護付き有料老人ホーム、クリニック、薬局）の運営による売上のうち需要の純増にあたるもの

③マルシェの集客効果による周辺店舗の売上増
④マルシェに訪れる観光客によるその他の観光需要増

　①、②についてはネーブルタウン事業によるマルシェ2以外の事業者の活動の効果であり、③、④はマルシェに訪れる観光客の観光需要のうち、マルシェ自体以外で生じる需要であり、宿泊や飲食、交通需要等が考えられる。③については現地のヒアリングで顕著な売上増となっている飲食店があることもわかっている。

　前述のとおり、これらは直接効果算定のための定量的なデータが得られないため算定には含めないが、以下で数値的な考察を試みる。①については仮に木材・家具、金属製品、機械部門の製品を総額1500万円購入したとして、各部門の直接効果の額をそれぞれ木材・家具176万4000円、金属製品176万4000円、機械176万4000円、商業952万円、運輸・郵便18万9000円とすれば、総合効果はおよそ2500万円となり、総合効果／直接効果の比率は1.65となる。

　②については、観光客向けの施設ではないため、売上のうちどれほどを需要の増分と見ることができるかも見通しを得ることは難しいが、仮に需要の増分が1億円、サービス業にあったとすれば、総合効果は1億6100万円と算出され、したがって総合効果/直接効果の比率は1.61となる。

　③については、現地でのヒアリングの結果から、周辺店舗での売上増の影響は飲食店が主であることから（宿泊、運輸については④にて扱う）、マルシェおよびマルシェ2のサービス業の需要増の5%の需要増が飲食サービスにあったとすれば、直接効果は3200万円、総合効果は5200万円と見積もられ、その比率は1.61となる。

　④に関して、富良野市の観光客入込数[8]の推移を図4に示す。フラノマルシェ開発事業及びネーブルタウン事業により観光客数の押し上げがどれほどあったのかを正確に見積もることは難しいが、推移をみると、これまで観光客数が減少傾向にあったものが、下げ止まってきており、むしろ上

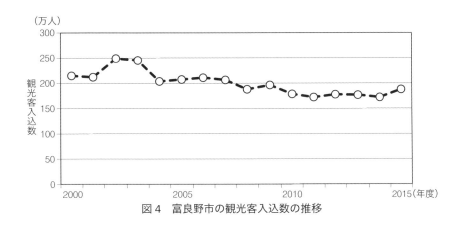

（万人）

図4 富良野市の観光客入込数の推移

昇に転じているようにも見える。2010（平成22）年のマルシェ開業からは
ほぼ横ばいで推移し、2015（平成27）年度の数値は前年比で増加している。
そこで、ここでは事業による観光客数押し上げ効果を仮に2014（平成26）
年度と2015（平成27）年度の観光客入込数の差分と仮定する。この差分
は宿泊客4万8500人、日帰り客11万700人に相当する。一方、平成25
年度富良野市観光経済調査によれば、宿泊費の平均は1万2250円、交通
費の平均は宿泊客で3145円、日帰り客で2750円であるので、これらから
サービス業と運輸への需要増分を5億9400万円と4億5700万円と設定す
ると、直接効果は合計で10億5100万円、総合効果は17億1800万円、そ
れらの比率は1.64となる。

7 ｜ 経済波及効果の比率

　ここまででは総合効果の直接効果に対する比率についてその数値を示し
てきた。これは、

$$（総合効果の直接効果に対する比率）＝\frac{（総合効果の金額）}{（直接効果の金額）}$$

の計算式により算出したものである。この式の右辺において分母を経済波

表7　マルシェ事業で受けた補助金

補助金名称	対象事業	金額	受領者
経済産業省補助「戦略的中心市街地商業等活性化支援事業費補助金」	フラノ・マルシェ開発事業	1億3046万3170円	ふらのまちづくり株式会社
国土交通省補助「社会資本整備総合交付金（市街地再開発事業）」資本金	富良野市東4条街区地区（ネーブルタウン事業）	5億515万9000円	ふらのまちづくり株式会社
経済産業省補助「地域商業自立促進事業費補助金（支援事業）」	「アトリウム及びフラノマルシェ2」整備事業	1億8145万2430円	コミュニティマネージメント株式会社

及効果を生むための要因やきっかけとなったものに置き換えれば様々な比率を計算することができる。例えばまちづくり会社の事業に対する投資額を分母とすれば、まちづくり会社の投資がどれだけ効果的に経済波及効果につながったかという見方ができるし、国等から受けた補助金の金額を分母とすれば、補助金の効率的活用の視点で見ることができる。ここではマルシェ事業で受けた補助金を分母として計算してみる。

　マルシェ事業で受けた補助金は表7に示すとおりである。これらの補助金の合計額を分母とし、総合効果に対する比率を計算すると13.88となる。

　これはつまり、直接効果に対する総合効果の比率は1.72倍であるが、そもそもその直接効果の中にも補助金が交付されたことが呼び水となって誘起されたものが含まれていると考えるということである。補助金によって、まちづくり会社の民間からの出資や借入を原資とした投資が誘起されたり、テナントとなってフラノマルシェやフラノマルシェ2に入居した事業者の設備投資が発生したりしたと考えれば直接効果の中にも因果関係があることになる。店舗の運営による需要増も誘起されたものといえるだろう。そう考えれば、元のきっかけとなった補助金は13倍を超える比率で経済波及効果を生んだということもできる。

8 │ 地域への経済波及について

　今回、算定には北海道の産業連関表を用いた。つまり、地域としては北海道全体を算定範囲とした。フラノマルシェ開発事業もネーブルタウン事業も富良野市内での事業であるので、仮に富良野域内（富良野市、上富良野町、中富良野町、南富良野町、占冠村）を範囲として算定していたとすると、北海道の他の地域からの購入が輸移入として計算されることになるので波及効果は相対的に減少することになる。また、逆に広く日本国内を範囲とすれば増加するであろう。

　図5はマルシェ内の各店舗に仕入品の生産地域の金額比率を聞いた結果を度数分布として示したものである。合計20店舗に聞いている。富良野域内での調達率は3店舗が20％以下と回答しているが、その他は40％から100％の間に回答が分布している。比較的富良野域内での調達率は高いといえる。これはマルシェ内の店舗の営業内容が飲食店や食料品販売（土産物の食料品を含む）が多いこと、観光客が重要なターゲット顧客となって

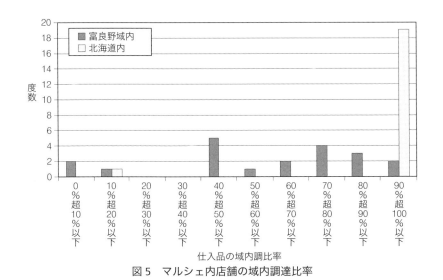

図5　マルシェ内店舗の域内調達比率

図6 マルシェのヒット商品 （写真提供：ふらの
まちづくり株式会社）

いることの2点から、富良野の地場の農産物や加工食品を仕入れることにつながっているためと考えられる。マルシェで生み出されたヒット商品は表8に示す通り、大半が「ふらの」あるいは「富良野」をその商品名に冠している。

また、北海道に地域範囲を広げれば、域内からの調達率は1店舗を除いて90%〜100%との回答となっており、非常に高くなっている。実際には生産地域が道外で、中間業者が道内であるケースが含まれている可能性もあるが、そうであったとしても、マルシェ店舗からの仕入による経済波及

表8 マルシェのヒット商品一覧

商品名	
ふらのみつばちさんのリングケーキ	ふらのポテトチップス
ふらのラスク	ふらの牛乳
ふらのメロンチーズケーキ	ふらのワインチョコケーキ
ふらのメロンベイクドクッキー	富良野チーズケーキ
ふらのメロンチョコサンドクッキー	富良野チーズクッキー
ふらの咲くさくの丘	JAふらの　農協チップス「ふらのっち」
ふらのサブレ	富良野ぎょうざ
富良野濃厚チーズケーキ	なまらガラナソーダ
乾燥しいたけ	

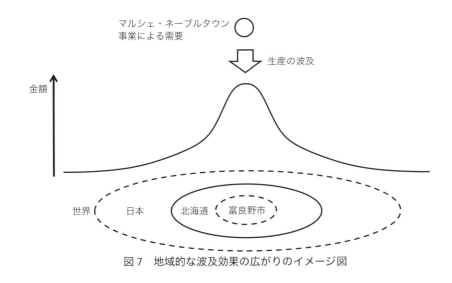

図7　地域的な波及効果の広がりのイメージ図

はまず北海道内に向かう割合が高いといえる。

　開発事業の経済波及効果は、域内での調達率を高めると輸移入が減少して大きくなる。一方で、仮に域内の商品やサービスに競争力がないにもかかわらず、無理に域内で調達すれば、投下した金額に対して十分な効用が得られないことになりかねない。こういった意味でトレードオフが存在するともいえる。

　フラノマルシェの場合は、これまでに実施した消費者へのアンケート調査やモニター調査の結果も踏まえつつ、事業活動を展開した結果として、図5に示す高い域内調達率となっている。そして、図2に示すようにフラノマルシェの売上高は右肩上がりで伸びており、図4に示すように富良野市の観光客数は下げ止まりから増加の兆候を示している。これらのことから、地域の強みを活用して、地域内であってかつ競争力の高い事業を展開できているといえる。つまり、前述のトレードオフを解決し、競争力のある事業で地域内経済循環を実現できているということができる。

9 ｜ 経済波及効果の定量的分析結果

　フラノマルシェ開発事業及び、ネーブルタウン事業の経済波及効果を北海道内を範囲とした産業連関分析により定量的かつ概括的に見積もった。事業の直接の経済効果として、ふらのまちづくり株式会社による事業の初期投資、マルシェの店舗事業者による初期投資、マルシェの店舗運営による需要増を含めた。その結果、直接効果は65億8000万円となった。産業連関を通じた生産波及やそれらから雇用者の所得が増加し消費が増加する効果も含めた総合効果は113億4400万円の経済波及効果となった。この直接効果に対する比率は1.72倍である。マルシェ事業に関して受けた補助金の額は8億1700万円であり、総合効果の補助金に対する比率は13.88倍となる。ただし、これらには、マルシェ2の店舗以外のネーブルタウン事業施設の事業者による初期投資、マルシェ2の店舗以外のネーブルタウ

ン事業施設の運営による需要増、マルシェの集客効果による周辺店舗の需要増、マルシェに訪れる観光客によるその他の観光需要は含めていない。

　富良野域内に範囲を限った場合の経済効果は、北海道内よりも相対的に小さくなる。しかし、フラノマルシェにおいては地域の強みを活用して、地域で競争力のある事業を展開することで高い域内調達率となっていることから、富良野域内に限っても大きな経済効果となっていると考えられる。

注
1　総務省『平成 23 年（2011 年）産業連関表―総合解説編―』2015 年 6 月。
2　小長谷一之・前川知史『経済効果入門』日本評論社、2012 年 6 月。
3　北海道ウェブサイトの産業連関表（統計表）のページ
　http://www.pref.hokkaido.lg.jp/kz/kks/ksk/tgs/renkanhyou2.htm
4　北海道開発局ウェブサイト、産業連関分析事例
　http://www.hkd.mlit.go.jp/topics/toukei/renkanhyo/h23_renkan.html#hyo
5　平成 23 年北海道産業連関表統合部門分類と対応基本分類の表を参照した。
6　総務省ウェブサイトの産業連関表の統計表一覧のページ
　http://www.soumu.go.jp/toukei_toukatsu/data/io/ichiran.htm
7　総務省統計局のウェブサイト http://www.stat.go.jp/data/kakei/2009np/index.htm、第 2 表 都市階級・地方・都道府県庁所在市別 1 世帯当たり 1 ヶ月間の収入と支出（総世帯のうち勤労者世帯）を参照した。
8　平成 12 年度から平成 27 年度の北海道観光入込客数調査報告書（http://www.pref.hokkaido.lg.jp/kz/kkd/irikomi.htm）のデータより作成。

第 4 章
フラノマルシェ事業が不動産市場に与えた影響

　第3章の経済波及効果は、金額として直接効果・間接効果を分析している。しかし、まちづくりにおける効果は、経済波及効果だけではとらえきれない要素が多くある。その一つが"不動産（土地・建物）"である。本章では、フラノマルシェに始まる取り組みが、富良野市の不動産にどのような影響を与えているのかについて、地価の変化（公示地価、基準地価）、不動産取引の状況（不動産売買取引）、土地の利用状況（未利用地、空き店舗）、開業状況を確認しながら、経済波及効果の数値に現れない効果を確認する。

1 ｜ フラノマルシェ周辺の地価動向

　以下は、国土交通省地価公示・都道府県地価調査に基いた、地価の動向である。
　国土交通省地価公示・都道府県地価調査に基づき、富良野市内のマルシェを中心とするエリアから、地価調査地点を 3 ヶ所選んだ。この 3 ヶ所は、国土交通省地価公示に基づく調査地点が 2 ヶ所、都道府県地価調査に基づく地点が 1 ヶ所である。
　1　北海道富良野市日の出町 7-3　地価公示（国土交通省地価公示）
　2　北海道富良野市幸町 7-28　基準地価（都道府県地価調査）
　　　＊ 2013（平成 25）年 7 月までは、幸町 7-27
　3　北海道富良野市末広町 16-7　地価公示（国土交通省地価公示）

図1　富良野市の地価マップ （国土交通省標準地・基準地検索システムの情報をもとに作成）

[公示地価]

　公示地価は、地価公示法（昭和44年法律第49号）に基づき、国土交通省による土地鑑定委員会が毎年1回公示する標準地の価格で、調査は昭和46年（地方圏は昭和47年、一部の用途は昭和50年）から毎年実施されている。

　公示対象は原則として都市計画法による都市計画区域内だが、都市計画区域以外でも土地取引が相当程度見込まれるものとして省令で定められた区域が対象に加えられる。

　公示される価格はその年の1月1日時点で、3月中旬頃に発表される。

　公示地価は公共事業用地の取得価格算定の基準とされるほか、「一般の土地取引価格に対する指標となること」「適正な地価の形成に寄与すること」が目的とされている。

　そのため、それぞれの土地がもつ本来の価値（売り手にも買い手にも偏らない客観的な価値）を評価することになっており、現存する建物などの形態に関わらず、対象土地の効用が最高度に発揮できる使用方法を想定したうえでの評価が行なわれる。

　公示地価とよく似たものに基準地価があり、調査は昭和50年以降、毎年実施されている。価格の性質や目的、評価方法などは公示地価とほぼ同様に考えて差し支えなく、大きく異なるのは価格時点（基準日）が7月1日（公示地価は1月1日）という点である。基準地価は毎年9月20日頃に公表される。

　また、根拠となる法律が国土利用計画法施行令（昭和49年政令第387号）（公示地価は「地価公示法」）であること、調査の主体が都道府県（公示地価は国）であることなどが公示地価と異なっている。

　さらに、公示地価が都市計画区域内を主な対象とするのに対して、基準地価は都市計画区域外の住宅地、商業地、工業地、宅地ではない林地なども含んでいる。そのため、平均的な地価動向にも違いが生じることに注意しなければならない。

① 北海道富良野市日の出町

　富良野市日の出町は、根室本線富良野駅に接する駅前西部のエリアで、用途地域としては、商業地域と近隣商業地域で構成されている。富良野市では、日の出町を含む駅前エリアが商業地域として指定されている。このことから都市計画の用途地域で見る限り、富良野市商業の中心地と位置づけられている地域である。

　1996（平成8）年に11万5000円／㎡であった地価は、現在（2016年）まで一貫して下落しており、2016（平成28）年には3万2500円／㎡となった。1996（平成8）年との比較では、下落率（1－（2016年の地価÷1996年の地価））は7割を超え、地価は3分の1以下となっている。

　この間、2009（平成21）年には「富良野駅前地区第1種市街地再開発事業」が完成し、中心地の活性化を目指す取り組みを行ったが、それ以後も、毎年地価は下落し続けている。駅前再開発を行っても中心市街地の地価上昇には寄与していない。ただ、2013（平成25）年以降は下落率が大幅に減少し、2015（平成27）年以降は1.5％程度の下落となっている。このような下落率の低下傾向から、あと数年で地価が底を打つのではないかと予測される。

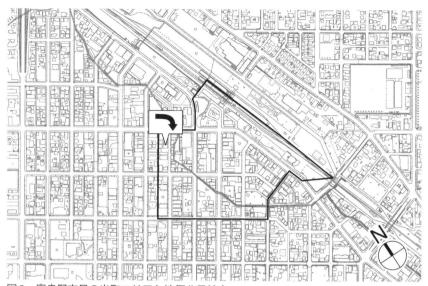

図2　富良野市日の出町エリアと地価公示地点(国土交通省標準地・基準地検索システムの情報をもとに作成)

表1　北海道富良野市日の出町7－3（公示地価）

公示地価	土地単価		前年比
	(m²)	(坪)	
1996 年	11 万 5000 円 /m²	38 万 0165 円 / 坪	－ 4.96% ↘
1997 年	11 万 0000 円 /m²	36 万 3636 円 / 坪	－ 4.35% ↘
1998 年	10 万 5000 円 /m²	34 万 7107 円 / 坪	－ 4.55% ↘
1999 年	9 万 9000 円 /m²	32 万 7272 円 / 坪	－ 5.71% ↘
2000 年	9 万 3500 円 /m²	30 万 9090 円 / 坪	－ 5.56% ↘
2001 年	9 万 0000 円 /m²	29 万 7520 円 / 坪	－ 3.74% ↘
2002 年	8 万 4000 円 /m²	27 万 7685 円 / 坪	－ 6.67% ↘
2003 年	8 万 0000 円 /m²	26 万 4462 円 / 坪	－ 4.76% ↘
2004 年	7 万 5000 円 /m²	24 万 7933 円 / 坪	－ 6.25% ↘
2005 年	6 万 8000 円 /m²	22 万 4793 円 / 坪	－ 9.33% ↘
2006 年	6 万 2000 円 /m²	20 万 4958 円 / 坪	－ 8.82% ↘
2007 年	5 万 8000 円 /m²	19 万 1735 円 / 坪	－ 6.45% ↘
2008 年	5 万 1000 円 /m²	16 万 8595 円 / 坪	－ 12.07% ↘
2009 年	4 万 6000 円 /m²	15 万 2066 円 / 坪	－ 9.80% ↘
2010 年	4 万 1000 円 /m²	13 万 5537 円 / 坪	－ 10.87% ↘
2011 年	3 万 7000 円 /m²	12 万 2314 円 / 坪	－ 9.76% ↘
2012 年	3 万 5000 円 /m²	11 万 5702 円 / 坪	－ 5.41% ↘
2013 年	3 万 4200 円 /m²	11 万 3057 円 / 坪	－ 2.29% ↘
2014 年	3 万 3500 円 /m²	11 万 0743 円 / 坪	－ 2.05% ↘
2015 年	3 万 3000 円 /m²	10 万 9090 円 / 坪	－ 1.49% ↘
2016 年	3 万 2500 円 /m²	10 万 7438 円 / 坪	－ 1.52% ↘

② 北海道富良野市幸町

　富良野市幸町は、根室本線富良野駅から南西に 300m ほど離れたところから始まる、1 辺が約 300m のエリアである。

　南西の 1 辺は狩勝国道に面しており、幸町の中央やや東南よりに、富良野駅と狩勝国道を結ぶ主要道路として東 5 条通が幸町を貫いている。

　用途地域としては、住居地域と近隣商業が混在している。都市計画に基づく用途地域から見ると、駅前エリアの日の出町に次ぐ商業地域となっている。

　1996（平成 8）年に 7 万 1000 円／ m² であった地価は、「市街地総合再生基本計画」を策定した 1999（平成 11）と「富良野駅前地区第 1 種市街地再開発事業」が完成した 2009（平成 21）年に一時横ばいとなったものの、マルシェがオープンした 2010（平成 22）年の時も下落しており、その後も地価の下落は 2012（平成 24）年まで続く。

　しかし、マルシェの集客力が年々上昇する中、地価の下落率は低くなり、

図 3　富良野市幸町エリアと基準地価地点 (国土交通省標準地・基準地検索システムの情報をもとに作成)

表2　北海道富良野市幸町 7 − 28（基準地価）

基準地価	土地単価		前年比
	(m²)	(坪)	
1996 年	7 万 1000 円 /m²	23 万 4710 円 / 坪	− 2.74% ↘
1997 年	6 万 8000 円 /m²	22 万 4793 円 / 坪	− 4.23% ↘
1998 年	6 万 6000 円 /m²	21 万 8182 円 / 坪	− 2.94% ↘
1999 年	6 万 6000 円 /m²	21 万 8181 円 / 坪	0.00% →
2000 年	6 万 2000 円 /m²	20 万 4958 円 / 坪	− 6.06% ↘
2001 年	5 万 9000 円 /m²	19 万 5041 円 / 坪	− 4.84% ↘
2002 年	5 万 5500 円 /m²	18 万 3471 円 / 坪	− 5.93% ↘
2003 年	5 万 2500 円 /m²	17 万 3553 円 / 坪	− 5.41% ↘
2004 年	4 万 9500 円 /m²	16 万 3636 円 / 坪	− 5.71% ↘
2005 年	4 万 7500 円 /m²	15 万 7024 円 / 坪	− 4.04% ↘
2006 年	4 万 5000 円 /m²	14 万 8760 円 / 坪	− 5.26% ↘
2007 年	4 万 2800 円 /m²	14 万 1487 円 / 坪	− 4.89% ↘
2008 年	4 万 1000 円 /m²	13 万 5537 円 / 坪	− 4.21% ↘
2009 年	4 万 1000 円 /m²	13 万 5537 円 / 坪	0.00% →
2010 年	4 万 0000 円 /m²	13 万 2231 円 / 坪	− 2.44% ↘
2011 年	3 万 8700 円 /m²	12 万 7933 円 / 坪	− 3.25% ↘
2012 年	3 万 8300 円 /m²	12 万 6611 円 / 坪	− 1.03% ↘
2013 年	3 万 8300 円 /m²	12 万 6611 円 / 坪	0.00% →
2014 年	3 万 9000 円 /m²	12 万 8925 円 / 坪	1.83% ↗
2015 年	4 万 1000 円 /m²	13 万 5537 円 / 坪	5.13% ↗
2016 年	4 万 3500 円 /m²	14 万 3801 円 / 坪	6.10% ↗

ネーブルタウンの建設が始まった 2013（平成 25）年には再び横ばいとなる。

　ネーブルタウンがオープンした翌年の 2014（平成 26）年にようやく地価は上昇に転じ、その後上昇が続く。2016（平成 28）年の基準地価は 4 万 3500 円／ m² となり、前年と比べた上昇率は 6.10％と高いものになった。2013（平成 25）年からの 3 年間だけを取り上げると、上昇額では 5200 円／ m²、上昇率では 13.57％に達し、大幅な地価上昇となっている。

　フラノマルシェ、ネーブルタウンによる地価への影響の大きさが改めて認識される基準地価の動きである。

③ 北海道富良野市末広町

　富良野市末広町は、根室本線富良野駅から南西に 600m ほど離れたエリアで、北東は一般国道 38 号（狩勝国道）に面し、南西は空知川に接している。

用途地域としては、一般国道38号(狩勝国道)の道沿いが近隣商業となっているものの、それ以外（空知川の河川敷きを除く）は住居地域となっている。現状も富良野駅から徒歩圏内にある閑静な住宅地域となっている。

　1996（平成8）年以降、横ばいとなる年をはさみながら、その後下落するという状況が続き、現在（2016年）まで地価の上昇は認められない。

　ただ、地価の下落状況は1996（平成8）年に3万500円／㎡であったものが、2016（平成28）年では2万4400円／㎡となっており、価格で6100円／㎡、下落率では20%に留まっている。

　また因果関係は不明だが、「都市計画マスタープラン」を策定した1998（平成10）年と、「富良野市TMO構想」を策定した2000（平成12）年、「中心市街地活性化基本計画（旧中活計画）」を策定した2001（平成13）年は、いずれも地価は横ばいとなっている。近年ではネーブルタウンの建設が始まった2014（平成26）年からも横ばいとなり、現在（2016年）もその状況が続いている。

図4　富良野市末広町エリアと地価公示地点 (国土交通省標準地・基準地検索システムの情報をもとに作成)

表 3　北海道富良野市末広町 16 － 7（公示地価）

公示地価	土地単価		前年比	
	（㎡）	（坪）		
1996 年	3 万 0500 円 /㎡	10 万 0826 円 / 坪	－ 4.96%	↘
1997 年	3 万 0500 円 /㎡	10 万 0826 円 / 坪	0.00%	→
1998 年	3 万 0500 円 /㎡	10 万 0826 円 / 坪	0.00%	→
1999 年	3 万 0200 円 /㎡	9 万 9834 円 / 坪	－ 0.98%	↘
2000 年	3 万 0200 円 /㎡	9 万 9834 円 / 坪	0.00%	→
2001 年	3 万 0200 円 /㎡	9 万 9834 円 / 坪	0.00%	→
2002 年	2 万 9800 円 /㎡	9 万 8512 円 / 坪	－ 1.32%	↘
2003 年	2 万 9500 円 /㎡	9 万 7520 円 / 坪	－ 1.01%	↘
2004 年	2 万 9000 円 /㎡	9 万 5867 円 / 坪	－ 1.69%	↘
2005 年	2 万 8500 円 /㎡	9 万 4214 円 / 坪	－ 1.72%	↘
2006 年	2 万 8000 円 /㎡	9 万 2561 円 / 坪	－ 1.75%	↘
2007 年	2 万 7000 円 /㎡	8 万 9256 円 / 坪	－ 3.57%	↘
2008 年	2 万 5800 円 /㎡	8 万 5289 円 / 坪	－ 4.44%	↘
2009 年	2 万 4800 円 /㎡	8 万 1983 円 / 坪	－ 3.88%	↘
2010 年	2 万 4700 円 /㎡	8 万 1652 円 / 坪	－ 0.40%	↘
2011 年	2 万 4600 円 /㎡	8 万 1322 円 / 坪	－ 0.40%	↘
2012 年	2 万 4500 円 /㎡	8 万 0991 円 / 坪	－ 0.41%	↘
2013 年	2 万 4400 円 /㎡	8 万 0661 円 / 坪	－ 0.41%	↘
2014 年	2 万 4400 円 /㎡	8 万 0661 円 / 坪	0.00%	→
2015 年	2 万 4400 円 /㎡	8 万 0661 円 / 坪	0.00%	→
2016 年	2 万 4400 円 /㎡	8 万 0661 円 / 坪	0.00%	→

　なお、2010（平成 22）年のマルシェオープンの影響については、前年の下落率が－ 3.88％であったのが、2010（平成 22）年には－ 0.40％と急速に小さくなったこと。また、ネーブルタウン完成の前年（2014 年）から、横ばいの状況が続いていることから、フラノマルシェやネーブルタウンの開発事業が、隣接住宅地である当地点の地価に良い影響を与えたと考えられる。

4 富良野市中心部（日の出町、幸町、末広町）の地価推移

　富良野中心部（日の出町、幸町、末広町）の公示地価、基準地価の推移をグラフ化（図 5）すると以下のようになる。

　その中で、特徴的なことは、マルシェがオープンした翌年の 2011（平成 23）年に、日の出町の公示地価が 3 万 7000 円／㎡と下落する中、幸町の基準地価が 3 万 8700 円／㎡となり、地価が逆転したことである。両地点

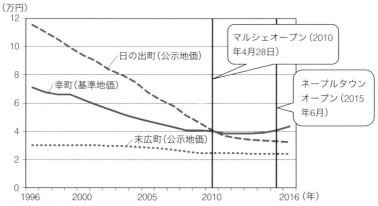

（万円）

図5 公示地価・基準地価の推移 （国土交通省標準地・基準地検索システム「国土交通省地価公示・都道府県地価調査」から筆者作成）

とも 2011 年の時点では、地価が下落傾向を示した中での逆転現象であったが、その後幸町は地価が上昇に転じている。このような状況から、地価に基づく視点では富良野市商業の中心地が、日の出町から幸町に移ったと捉えることができる。

　なお、今後の地価の動向については、年々集客力を増しているフラノマルシェでさえ、幸町の地価に影響を及ぼすのに 4 年を要している。今回のネーブルタウンの効果が地価に反映されるのも時間を要するとすれば、さらに幸町の地価は上昇することが予測される。

2 ｜ 幸町の地価上昇による影響

① 路線価への影響

　前節で確認してきたとおり、「幸町 7 − 28」ではマルシェのオープンにより 2013（平成 25）年には地価が下げ止まり、2014（平成 26）年から上昇に転じ、2015（平成 27）年のネーブルタウン完成の年度には、さらに前年度よりも 5％を超える地価の上昇を示した。この地価の上昇は、直接的に幸町の土地資産の価値向上に貢献している。

路線価（相続税評価額）

　毎年1月1日時点の評価を基に公示価格の70〜80％を目標に決定され、8月に国税庁が公表する。相続対象となる土地の評価の時に用いられ、その土地が接する道路の路線価に土地の面積を掛けて算出する。

　ちなみに、この路線価は接する土地に対して一律に適用されるが、形が複雑である、奥まっているなどのその土地の個性は反映されていない。

◆フラノマルシェエリア
　（平成21年度経済産業省戦略的中心市街地商業等活性化事業）
　敷地面積：1634.16m² 　事業費：2億7882万5000円
◆富良野市東4条街区第一種市街地開発事業エリア（ネーブルタウン）
　敷地面積：9569.66m² 　事業費：39億3283万7000円
　◎開発事業　敷地面積合計：1万1203.83m²
◆「幸町」町境界線

図6　2010（平成22）年の町の路線価図(国税庁平成22年度財産評価基準書　路線価図(24005,24006)から筆者作成)

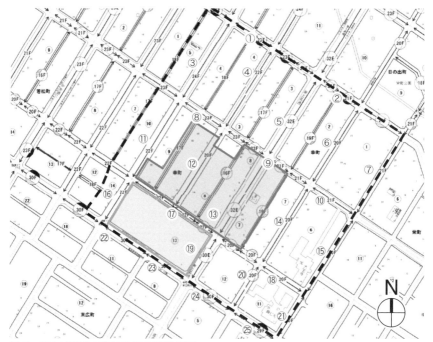

図7　2016（平成28）年の町の路線価図（国税庁平成22年度財産評価基準書　路線価図(24005,24006)
から筆者作成）

　ここでは2010（平成22）年から2016（平成28）年の「幸町」の相続税
路線価（以下、路線価と言う）を確認することで、土地資産の価値向上に
ついて考察する。

　「幸町」にある路線の内、主な25路線をピックアップし、2010（平成
22）年のフラノマルシェ誕生の年から2016（平成28）年までの路線価の
増減状況を見ながら、路線価の推移を確認した。

　その結果、25路線の内、増加路線が6路線で最大増加額が⑲の4000
円／㎡、減少路線が14路線で、最大減少額が▲2000円／㎡となっている。

　路線ごとの増減を合計すると▲3000円となり、それを25路線で単純に
平均すると▲120円／㎡の減少となる。「幸町」全体でみると、地価の下
落は未だ止まっていない。

表4 「幸町」内の25路線の2010年から2016年の推移（国税庁財産評価基準書路線価図（2010年〜2016年）から筆者作成）

単位：千円／m²

| 番号 | 路線価 | | | | | | | 増減 |
	2010年	2011年	2012年	2013年	2014年	2015年	2016年	2010年−2016年
①	23	23	23	22	21	21	21	− 2
②	21	21	21	21	20	20	20	− 1
③	24	24	24	23	22	22	22	− 2
④	22	22	22	21	21	21	21	− 1
⑤	32	32	32	31	31	31	32	0
⑥	20	20	20	19	19	19	19	− 1
⑦	21	21	21	20	20	20	20	− 1
⑧	23	23	23	22	22	22	22	− 1
☆⑨	21	21	21	21	21	21	21	0
⑩	21	21	21	20	20	20	20	− 1
☆⑪	22	22	22	21	21	21	21	− 1
☆⑫	21	20	20	19	20	20	21	0
☆⑬	32	32	32	31	31	31	33	1
⑭	20	20	20	19	19	19	19	− 1
⑮	20	20	20	19	19	19	19	− 1
☆⑯	22	22	22	21	21	21	22	0
☆⑰	22	22	22	21	21	21	22	0
⑱	20	20	20	19	19	19	19	− 1
☆⑲	30	30	30	29	30	32	34	4
⑳	20	20	20	20	20	19	19	− 1
㉑	20	20	20	19	19	19	19	− 1
☆㉒	30	30	30	29	29	30	32	2
☆㉓	30	30	30	29	29	30	32	2
㉔	30	30	30	29	29	30	32	2
㉕	29	29	29	29	29	29	31	2

☆開発事業地に接する路線　　＊25路線の路線価の増減合計　　増減合計　− 3
＊25路線の路線価の増減平均　　増減平均　− 0.12

m²当たり　4000円の増加	⑲				1路線
m²当たり　2000円の増加	㉒ ㉓ ㉔ ㉕				4路線
m²当たり　1000円の増加	⑬				1路線
m²当たり　増減なし	⑤ ⑨ ⑫ ⑯ ⑰				5路線
m²当たり　1000円の減少	② ④ ⑥ ⑦ ⑧ ⑩				
	⑪ ⑭ ⑮ ⑱ ⑳ ㉑				12路線
m²当たり　2000円の減少	① ③				2路線
				合計　25路線	

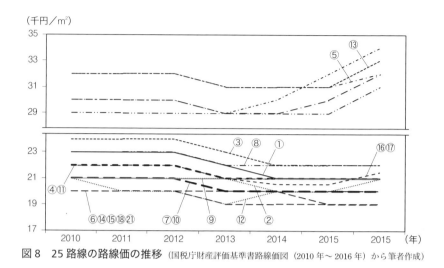

（千円／m²）

図8　25路線の路線価の推移（国税庁財産評価基準書路線価図（2010年〜2016年）から筆者作成）

② マルシェ事業地に面する9路線の推移

　マルシェ事業地に面する9路線（☆印）における2010（平成22）年から2016（平成28）年の推移は以下の通りである。

　マルシェ事業地に接する9路線では、2010（平成22）年から2016（平成28）年までの増減合計は8000円、増減平均は890円／m²（増減合計÷路線価数）となっており、路線価は上昇している。

　マルシェ事業の敷地に接する路線価であることから、ここでは単純にはマルシェ事業の敷地面積に増減平均を掛けることで、土地評価の増加を計算する。マルシェ事業の面積合計が1万1203.83m²なので、二つの開発事業による路線価上昇への貢献は、約997万円（1万1203.83m²×890円）ということになる。

　マルシェ事業に投下した事業に比べると金額的には大きくはないが、一方で路線価に反映させるような開発事業は、よほど大規模な事業でない限り難しい。

　富良野市においても中心市街地活性化を目的に2010（平成22）年「富良野駅前地区第1種市街地再開発事業（事業費：17億7772万8000円）」

表5　9路線（☆印）の2010年から2016年の推移 (国税庁財産評価基準書路線価図（2010年〜2016年）から筆者作成)

単位：千円／m²

番号	路線価							増減
	2010年	2011年	2012年	2013年	2014年	2015年	2016年	2010年−2016年
☆ ⑨	21	21	21	21	21	21	21	0
☆ ⑪	22	22	22	21	21	21	21	− 1
☆ ⑫	21	20	20	19	20	20	21	0
☆ ⑬	32	32	32	31	31	31	33	1
☆ ⑯	22	22	22	21	21	21	22	0
☆ ⑰	22	22	22	21	21	21	22	0
☆ ⑲	30	30	30	29	30	32	34	4
☆ ㉒	30	30	30	29	29	30	32	2
☆ ㉓	30	30	30	29	29	30	32	2

＊9路線の路線価の増減合計　　増減合計	8
＊9路線の路線価の増減平均　　増減平均	0.89

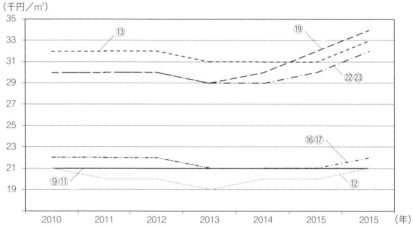

図9　フラノマルシェに接する路線価の推移 (国税庁財産評価基準書路線価図（2010年〜2016年）から筆者作成)

の取り組みを行ったが、結果として路線価を上昇させるには至らなかった。（ただし、相続税路線価は、公示価格の70〜80％とされている）

　このことからも、評価額の上昇幅が多くないということで、今回のマルシェ事業の効果を低く見るのは禁物である。

　ここで路線価の決定について少し確認しておく。相続税路線価の決定に

際しては、売買実例、公示地価、不動産鑑定士の鑑定評価額、精通者意見等をベースとして検討され、公示地価の8割程度を水準に決められる。その中で重視されるのが不動産の売買事例だが、実際の不動産取引は、土地の形状が様々であることに加え、売手と買手の双方に様々な事情があり、成立した価格が一般化できる価格かどうか判断するのが難しい。そのため不動産鑑定士の鑑定評価額では、売手にも買手にも偏らない客観的な交換価値を表す「正常価格」が求められている。この「正常価格」は多くの取引事例によって実証され、また、不動産の経済的価値である効用、収益性等によっても検証された不動産の客観的な価格である。

　このように評価された路線価が上昇するということは、不動産取引において、売手も買手も納得できる価格が上昇しているということになる。不動産価格は需給のバランスにより価格が決定されることから、このような不動産の売買が路線価決定に先行して行われたことになる。その結果、路線価が上昇しているということは、その路線に面する不動産立地の将来性や魅力が向上したことを示している。このように考えれば、路線価の変化は地域の活性化の遅行指標と捉えることができる。

　地域活性化の遅行指標である路線価は、フラノマルシェ、ネーブルタウンの開発事業が与えた周辺効果を含め、今後さらに多くの路線で上昇することが予測される。このような路線価の上昇による土地評価額の上昇は、街路に接する土地の面積当たり（間口 × 奥行）で増加する。その結果、この地域で不動産を所有する個人、法人の資産価値を増大させることは無論のこと、この地域の不動産に対するさらなる投資を誘発することにつながり、さらなる経済効果を発揮することが想定できる。まさにプラスのスパイラル効果である。この効果は、個人、法人にとどまらない。路線価の上昇は固定資産税評価額にも反映されることから、富良野市への税収に寄与する。このような様々な効果は、経済波及効果と同様、毎年の累積で捉えるべき経済効果であろう。とするならば、マルシェ事業地での路線価上昇の価値は、10倍にも100倍にも評価されるべきものであると考えられる。

幹線道路の路線価から見た商業立地の変化

2010（平成 22）年度から 2016（平成 28）年度までの路線価の内、幸町の中で最も上昇率が高かった路線は、フラノマルシェ、ネーブルタウンに接する市道東 5 条通と一般国道 38 号（狩勝国道）である。

2010（平成 22）年までの富良野市の中心市街地のメインストリートは、市道相生通（旧道道上富良野旭中富良野線）の中の「日の出町 2」の交差点から「朝日町 4」の交差点間であり、中心市街地の中で最も路線価が高かった。しかし、その路線価の下落傾向は現在も続いており、2013（平成 25）年には、幸町の市道東 5 条通と一般国道 38 号（狩勝国道）の路線価をすべての街路で下回り、路線価から見るとメインストリートが完全に移動した。

今後の中心市街地の発展は、路線価でみる限り、新たなメインストリートである市道東 5 条通と一般国道 38 号（狩勝国道）を基軸にしながら面的な広がりを見せる動きとなっている。

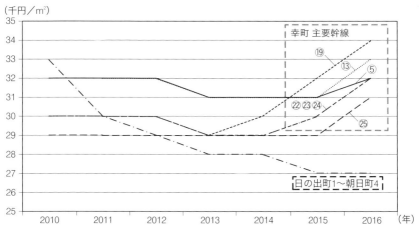

図 10 主要道路 路線価の推移 (国税庁財産評価基準書路線価図（2010 年〜2016 年）から筆者作成)

3 ｜ 不動産の取引状況

① 都市比較

　北海道内の富良野市と人口規模が近い 10 市を選び、都市計画地域の取引状況を国土交通省の「不動産取引価格情報¹」に基づき、2008（平成 20）

表6　都市別不動産取引状況（人口は住民基本台帳人口・世帯数（北海道総合政策部地域主権・行政局市町村課調）より。不動産取引件数は、国土交通省の「不動産取引価格情報」より筆者作成。（＊ただし、2008 年度だけは第 2 四半期から第 4 四半期の合計を使用））

		人口 2016.1.1 現在（人）	2008 年度	2009 年度	2010 年度	2012 年度	2011 年度	2013 年度	2014 年度	2015 年度	合計	取引数 （回／千人）
1	網走市	3 万 7165	50	75	74	81	93	80	67	64	584	15.7
2	名寄市	2 万 8568	57	79	77	67	58	77	76	70	561	19.6
3	根室市	2 万 7350	27	38	23	31	29	31	36	15	230	8.4
4	美唄市	2 万 3343	32	33	33	47	45	69	66	69	394	16.9
5	紋別	2 万 2964	33	42	55	46	45	65	52	57	395	17.2
6	富良野市	2 万 2834	57	45	39	51	44	50	68	51	405	17.7
7	留萌市	2 万 2412	25	31	32	38	64	42	47	35	314	14
8	深川市	2 万 1847	19	46	58	56	47	58	53	47	384	17.6
9	士別市	2 万 166	26	30	46	67	44	39	40	34	326	16.2
10	砂川市	1 万 7769	31	32	28	40	45	43	38	37	294	16.5

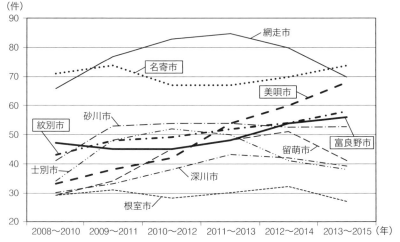

図11　不動産取引数　移動平均（3 年）（国土交通省の「不動産取引価格情報」より筆者作成（ただし、2008 年度だけは第 2 四半期から第 4 四半期の合計を使用））

年4月〜2016（平成28）年3月の間の不動産取引の状況を確認した。

　その中で、2016（平成28）年1月1日現在の人口を基準（1000人当たり）とし、8年間の取引数を見ると、名寄市が19.6回／千人と最も高く、2番目が富良野市の17.7回／千人と続いている。8年間の取引合計でみると、富良野市の都市計画地域内における不動産取引数は、他市に比べて比較的高い（3位）ことが分かる。

　次に不動産取引数の傾向を確認するため、3年間の取引数の移動平均を求めた。

　その結果、近年取引件数が増加傾向にあるのは、名寄市、美唄市、紋別市、富良野市の4市であった。"2010（平成22）年〜2012（平成24）年"以降での上昇傾向を見ると美唄市には及ばないものの、名寄市と同じ程度の上昇を示している。道内で同規模の市の中で、富良野市の不動産の流動性が徐々に高くなっていることが分かる。（増加傾向を示しているのは、名寄市、富良野市、美唄市の3市のみ）

② 富良野市市街地の不動産取引状況

　富良野の中心市街地を中心とした27町の都市計画地域の中で、2008（平成20）年4月〜2016（平成28）年3月までの不動産取引は合計254件あり、内訳は住宅地[2]が217件、商業地[3]が37件であった。

　年度別にみると、住宅地については、2009（平成21）年度（富良野駅前地区第1種市街地再開発事業完成）に25件と伸びた後、2010（平成22）年第1期工事のフラノマルシェオープンの翌年から、年間30件前後の不動産取引が行われており、伸びていることが確認できる。

　商業地については、第1期のフラノマルシェオープンの前年である2009

表7　富良野市市街地の不動産取引状況 （国土交通省の「不動産取引価格情報」をもとに筆者作成）

	2008年	2009年	2010年	2012年	2011年	2013年	2014年	2015年	合計
住宅地	18	25	21	33	29	29	31	31	217
商業地	2	8	3	1	7	5	5	6	37

（平成 21）年に 8 件と不動産取引が多くなり、その後 2011（平成 23）年には 1 件と少なくなるが、2012（平成 24）年からは 7 件と回復し、その後毎年 5 〜 6 件の不動産取引が発生している。

③ エリア別、町別の取引状況

富良野市中心市街地を中心とした 27 町を、さらに中心部、隣接部、北西部、東部、南部の 5 エリアに分け、その中での商業地、住宅地の不動産取引動向を確認した。

①中心部　5 町　　幸町、本町、日の出町、若松町、朝日町
②隣接部　3 町　　栄町、末広町、弥生町
③北西部　4 町　　桂木町、新富町、西町、北斗町
④東部　　9 町　　花園町、錦町、住吉町、新光町、瑞穂町、西麻町、
　　　　　　　　　東雲町、東麻町、南麻町
⑤南部　　6 町　　若葉町、春日町、扇町、東町、南町、緑町

表8　商業地の取引状況 (国土交通省の「不動産取引価格情報」をもとに筆者作成)

エリア	町名	2008年 中心市街地活性化基本計画が認定	2009年 「富良野駅前地区第一種市街地再開発事業」完成	2010年 第1期工事のフラノマルシェオープン	2011年	2012年	2013年	2014年 東4条街区地区第一種市街地再開発事業（ネーブルタウン）の建設開始	2015年 第2期のネーブルタウン完成	合計
中心部	幸町		2	1	1	2	2	2		10
	本町	1	2			3	1		2	11
	日の出町	1	1	1		1			2	6
	若松町		1				1		2	4
	朝日町		2	1		1				4
	小計	2	8	3	1	7	4	4	6	35
隣接	栄町						1			1
北西	新富町							1		1
	合計	2	8	3	1	7	5	5	6	37

表 9　住宅地の取引状況 (国土交通省の「不動産取引価格情報」をもとに筆者作成)

エリア	町名	2008年 中心市街地活性化基本計画が認定	2009年 「富良野駅前地区第一種市街地再開発事業」完成	2010年 第1期工事のフラノマルシェオープン	2011年	2012年	2013年	2014年 東4条街区地区第一種市街地再開発事業（ネーブルタウン）の建設開始	2015年 第2期のネーブルタウン完成	合計
中心部	幸町								2	2
	本町	1	1			1		1	1	5
	日の出町						1			1
	若松町	1					1	3		5
	朝日町		2		1				4	7
	小計	2	3	0	1	1	2	4	7	20
隣接	栄町			2	1	1	1	4	1	10
	末広町	2	1	4	1	8	4	3	4	27
	弥生町			1	1	1		1	1	5
	小計	2	1	7	3	10	5	8	6	42
北西	桂木町			3	3	2	2	2	2	14
	新富町		2	3	1		1			7
	西町		1		1	1		1		4
	北斗町	2		2				1		5
	小計	2	5	5	5	4	3	4	2	30
東	花園町		1		1		1			3
	錦町	1	3	1		1	5	2	2	15
	住吉町	1	2			1	2	2		8
	新光町	3		1	6	2	3	1		16
	瑞穂町		2			2	1	1		6
	西麻町	1		1	1	1	1	1		6
	東雲町					2			1	3
	東麻町					1	1		1	3
	南麻町		1		1			1	4	7
	小計	6	9	3	13	6	14	8	8	67
南	若葉町			2	2	1	1		4	10
	春日町			1		1	1	1	2	6
	扇町	2	2		1	1	1	3		10
	東町	1	1	1	2	2	1	1	1	10
	南町		1		1	1		1		4
	緑町	3	3	2	5	2	1	1	1	18
	小計	6	7	6	11	8	5	7	8	58
	合計	18	25	21	33	29	29	31	31	217

1 商業地の取引状況

商業地の取引は、全体で37件確認できるが、その中で中心部エリアでの取引は35件あり、全体の94.6％となっている。また、中心部の中では、2008（平成20）年4月〜2016（平成28）年3月の間で、本町が11件と最も多く、次いで幸町が10件、日の出町が10件、若松町、日の出町が各4件となっている。このように商業地の取引は中心部に集中していることから、詳細分析は後述の「中心部5町の不動産取引」で確認する。

2 住宅地の取引状況

住宅地については、2008（平成20）年4月〜2016（平成28）年3月までの間に、217件の取引があった。中心部の取引全体で55件（商業＋住宅地）の6割以上が商業地取引であることから、中心部（幸町、本町、日の出町、若松町、朝日町）と隣接部（栄町、末広町、弥生町）の8町を一つのエリアとして捉え、各エリアの状況を確認した。

中心部・隣接エリアの住宅地取引は62件、北西エリアで30件、東エリアで67件、南エリアで58件と、北西エリアを除く各住宅地の取引数は、8年間の累積でほぼ同じような実績となっている。

さらに各エリアの傾向を確認するため、3年間の取引数の移動平均を用いた分析を行うと、最も高い伸びを示しているのが中心・隣接エリアで、次に富良野駅の東エリアの住宅地であることが分かる。

この住宅地の62件の取引の内容を面積と金額でみると、取引合計面積は2万3335m²、取引合計金額で9億8710万円となっている。これをマルシェ事業と関連づけるためフラノマルシェがオープンした2010（平成22）年から見ると、取引数で54件となり、取引面積では2万1575m²、取引金額では8億9970万円となっている。

フラノマルシェオープン後のこの動きを、すべてフラノマルシェ効果とは断定できないが、少なくともこのフラノマルシェ、ネーブルタウンが登場したことにより、新たな仕事が創出されたこと、またマルシェ事業そのものが生活の利便性を高めたのは間違いない。このように中心市街地の魅

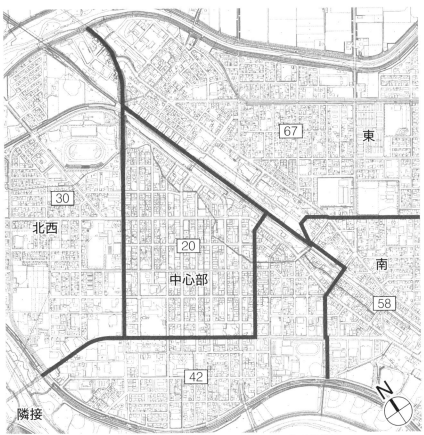

図 12　エリア別住宅地の取引状況地図（□内は各地区の合計件数）(国土交通省の「不動産取引価格情報」をもとに筆者作成)

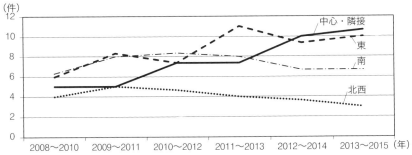

図 13　住宅地の取引傾向（3 年間移動平均）(国土交通省の「不動産取引価格情報」をもとに筆者作成)

力が高まることで中心部・隣接部、及びこれに隣接するエリアへの居住が増えることは十分推察できることである。このような視点で見ると、住宅地の不動産取引の増加もマルシェ事業から派生した経済効果となって現れていると捉えられる。

表10　中心部・隣接部の住宅地取引の詳細(国土交通省の「不動産取引価格情報」をもとに筆者作成)

エリア	項目	2008年 中心市街地活性化基本計画が認定	2009年 「富良野駅前地区第一種市街地再開発事業」完成	2010年 第1期工事のフラノマルシェオープン	2011年	2012年	2013年	2014年 東4条街区地区第一種市街地再開発事業（ネーブルタウン）の建設開始	2015年 第2期のネーブルタウン完成	合計	参考2010年度以降
中心部	取引数（件）	2	3	0	1	1	2	4	7	20	15
	取引面積（m²）	510	390		140	520	780	840	3,775	6,955	6,055
	取引金額（百万円）	47	16.9	0	4	16	20.9	22.3	67.7	194.8	130.9
隣接部	取引数（件）	2	1	7	3	10	5	8	6	42	39
	取引面積（m²）	570	290	1,960	790	3,060	3,170	3,645	2,895	16,380	15,520
	取引金額（百万円）	15.8	7.7	73.4	22	119.9	293.9	168.5	91.1	792.3	768.8
合計	取引数（件）	4	4	7	4	11	7	12	13	62	54
	取引面積（m²）	1,080	680	1,960	930	3,580	3,950	4,485	6,670	23,335	21,575
	取引金額（百万円）	62.8	24.6	73.4	26	135.9	314.8	190.8	158.8	987.1	899.7

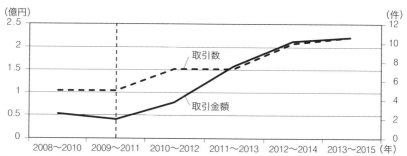

図14　取引金額と取引件数の推移（3年間移動平均）(国土交通省の「不動産取引価格情報」をもとに筆者作成)

④ 中心部 5 町の不動産取引

　改めてここでは、マルシェ事業の影響を最も受ける中心部について焦点を当て、商業地と住宅地の取引状況を確認する。

不動産取引の状況

　中心部における不動産取引の実態は、先述したように商業地の取引が35件、住宅地の取引が20件で、商業地の取引が多い。

　また、取引の推移の傾向を商業地、住宅地に分けたうえで、3年間の取引数を移動平均でみると、ともに2010（平成22）年～2012（平成24）年を最下点に、商業地はやや増傾向を示し、住宅地は大きく増加傾向を示している。

　町別の取引件数をみると、マルシェ事業が行われた幸町を除くと、商業

表 11　中心部の年度別、町別不動産取引件数 (国土交通省の「不動産取引価格情報」をもとに筆者作成)

エリア	町名	2008年 中心市街地活性化基本計画が認定	2009年 「富良野駅前地区第一種市街地再開発事業」完成	2010年 第1期工事のフラノマルシェオープン	2011年	2012年	2013年	2014年 東4条街区地区第一種市街地再開発事業（ネーブルタウン）の建設開始	2015年 第2期のネーブルタウン完成	合計
中心部	幸町	0	2	1	1	2	2	2	2	12
	商業地		2	1	1	2	2	2		10
	住宅地								2	2
	本町	2	3	0	0	4	1	3	3	16
	商業地	1	2			3	1	2	2	11
	住宅地	1	1			1		1	1	5
	日の出町	1	1	1	0	1	1	0	2	7
	商業地	1	1	1		1			2	6
	住宅地						1			1
	若松町	1	1	0	0	0	2	3	2	9
	商業地		1				1		2	4
	住宅地	1					1	3		5
	朝日町	0	4	1	1	1	0		4	11
	商業地		2	1		1				4
	住宅地		2		1				4	7
	合計	4	11	3	2	8	6	8	13	55
	商業地	2	8	3	1	7	4	4	6	35
	住宅地	2	3	0	1	1	2	4	7	20

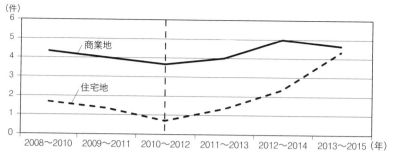

図 15　中心部の取引傾向（3 年移動平均）(国土交通省の「不動産取引価格情報」をもとに筆者作成)

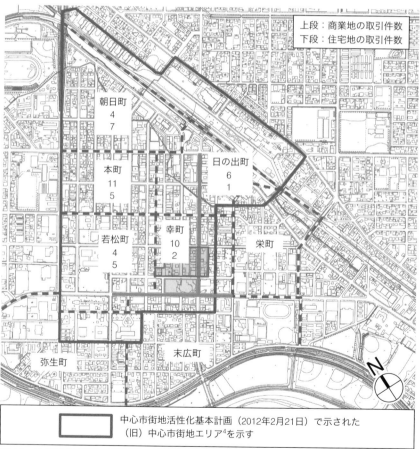

上段：商業地の取引件数
下段：住宅地の取引件数

朝日町
4
7

本町
11
5

日の出町
6
1

若松町
4
5

幸町
10
2

栄町

弥生町

末広町

中心市街地活性化基本計画（2012年2月21日）で示された
（旧）中心市街地エリア[4]を示す

図 16　中心部の町別、種類別　不動産取引件数地図 (国土交通省の「不動産取引価格情報」をもとに筆者作成)

地では本町が 11 件と最も多く、次に日の出町の 6 件となっている。また、住宅地では朝日町の 7 件が最も多く、本町、若松町の 5 件と続いている。

取引面積

2008（平成 20）年 4 月から 2016（平成 28）年 3 月までの土地取引面積を見ると、中心部では 1 万 7895m² の取引が行われている。その内住宅地は 6955m²、商業地が 1 万 940m² となっている。

中心部であることから、商業地の取引が多くあるのは当然のことではあるが、フラノマルシェオープン後の 2012（平成 24）年度から急激に商業地の取引面積が大きくなっている。

また、住宅地においても 2010（平成 22）年度、2011（平成 23）年度と

表 12　中心部の年度別、町別不動産取引面積 (国土交通省の「不動産取引価格情報」をもとに筆者作成)

単位：m²

年度 町名	2008年 中心市街地活性化基本計画が認定	2009年 「富良野駅前地区第一種市街地再開発事業」完成	2010年 第1期工事のフラノマルシェオープン	2011年	2012年	2013年	2014年 東4条街区地区第一種市街地再開発事業（ネーブルタウン）の建設開始	2015年 第2期のネーブルタウン完成	合計	合計2 幸町を除く	割合
幸町	0	510	190	260	750	460	560	295	3,025		
商業地								295	295		
住宅地		510	190	260	750	460	560		2,730		
本町	650	560	0	0	1,480	280	980	700	4,650	4,650	
商業地	90	140			520		140	280	1170	1170	14.3%
住宅地	560	420			960	280	840	420	3,480	3,480	52.3%
日の出町	980	270	270	0	145	500	0	700	2,865	2,865	
商業地						500			500	500	6.1%
住宅地	980	270	270		145			700	2,365	2,365	35.5%
若松町	420	320	0	0	0	420	700	1120	2,980	2,980	
商業地	420					280	700		1,400	1,400	17.1%
住宅地		320				140		1,120	1,580	1,580	23.7%
朝日町	0	475	420	140	140	0	0	3,200	4,375	4,375	
商業地		250		140				3,200	3,590	3,590	43.7%
住宅地		225	420		140				785	785	11.8%
合計	2,050	2,135	880	400	2,515	1,660	2,240	6,015	17,895	33,740	
商業地	510	390	0	140	520	780	840	3,775	6,955	6,660	100.0%
住宅地	1,540	1,745	880	260	1,995	880	1,400	2,240	10,940	8,210	100.0%

低調に推移するが、2014（平成 24）年度から増加し始め、2015（平成 27）年度には 3775m² と大きな伸びを示している。この取引面積は、過去 7 年間を上回る面積である。

表 13　中心部におけるフラノマルシェオープン前後の不動産取引面積（表 12 を集計して筆者作成）

単位：m²

年度	2008 年～2009 年	2010 年～2015 年
住宅地	900	6055
商業地	3285	7655

　フラノマルシェオープン後である 2010（平成 22）年 4 月から 2016（平成 28）年 3 月までの取引累積面積では、住宅地 6055m²、商業地が 7655m² となっている。さらに、フラノマルシェ、ネーブルタウンの影響を確認するため、幸町を除いた各町の取引面積を確認する。

幸町を除いた取引面積

　2008（平成 20）年 4 月から 2010（平成 22）年 3 月までの間で、商業地は 2775m² の取引があったが、その中で日の出町が 1250m² と最も多く、次いで本町が 980m² となっている。住宅地では 900m² の取引があったが、その中で若松町が 420m² と最も多くなっている。

表 14　幸町を除く中心部の年度別・町別不動産取引面積（国土交通省の「不動産取引価格情報」をもとに筆者作成）

単位：m²

	2008 年～2009 年		2010 年～2015 年		合計
	面積	割合	面積	割合	
本町	1,210		3,440		4,651
商業地	230	25.6%	940	16.3%	1,170
住宅地	980	35.3%	2,500	46.0%	3,480
日の出町	1,250		1,615		2,865
商業地	0	0.0%	500	8.7%	500
住宅地	1,250	45.0%	1,115	20.5%	2,365
若松町	740		2,240		2,981
商業地	420	46.7%	980	17.0%	1,400
住宅地	320	11.5%	1,260	23.2%	1,580
朝日町	475		3,900		4,375
商業地	250	27.8%	3340	58.0%	3,590
住宅地	225	8.1%	560	10.3%	785
合計	3,675		11,195		14,872
商業地	900	100.0%	5,760	100.0%	6,661
住宅地	2,775	100.0%	5,435	100.0%	8,211

フラノマルシェオープン後の2010（平成22）年4月から2016（平成28）年3月の間で商業地は5435m²の取引があり、その中で本町が2500m²と最も多く、次いで若松町が1260m²、日の出町が1115m²と続いている。

　住宅地では、5760m²の取引があったが、その中で朝日町が3340m²と最も多く、次いで若松町が980m²と続いている。フラノマルシェがオープンし、ネーブルタウンができる中で、周辺町への変化を取引面積でみると、商業地では本町での取引面積が多く、住宅地では朝日町で取引面積が多い結果となった。

取引金額

　2008（平成20）年4月から2017（28年）3月までの土地取引額を見る

表15　中心部の年度別、町別不動産取引金額 (国土交通省の「不動産取引価格情報」をもとに筆者作成。＊数値の合計は、各金額の端数処理により単純合計とは合致しない)

単位：百万円

年度 / 町名	2008年 中心市街地活性化基本計画が認定	2009年 「富良野駅前地区第一種市街地再開発事業」完成	2010年 第1期工事のフラノマルシェオープン	2011年	2012年	2013年	2014年 東4条街区地区第一種市街地再開発事業（ネーブルタウン）の建設開始	2015年 第2期のネーブルタウン完成	合計	合計2町を除く 幸町	割合
幸町	0	17	6	12	41	28	26	6	137		
商業地	0	0	0	0	0	0	0	6	6		
住宅地	0	17	6	12	41	28	26	0	130		
本町	30	28	0	0	58	8	36	36	191	191	
商業地	5	12	0	0	16	0	4	4	41	41	21.8%
住宅地	25	16	0	0	42	8	32	32	154	154	42.9%
日の出町	69	4	7	0	4	12	0	35	131	131	
商業地	0	0	0	0	0	12	0	0	12	12	6.4%
住宅地	69	4	7	0	4	0	0	35	119	119	33.1%
若松町	42	12	0	0	0	11	19	38	122	122	
商業地	42	0	0	0	0	9	19	0	69	69	36.7%
住宅地	0	12	0	0	0	3	0	38	53	53	14.8%
朝日町	0	23	10	4	5	0	0	57	99	99	
商業地	0	5	0	4	0	0	0	57	66	66	35.1%
住宅地	0	18	10	0	5	0	0	0	33	33	9.2%
合計	141	84	23	16	108	59	80	173	684	1,227	
商業地	47	17	0	4	16	21	22	68	195	188	100.0%
住宅地	94	67	23	12	92	39	58	105	488	359	100.0%

と、中心部では6億8300万円の取引が行われている。その内住宅地は1億9500万円、商業地が4億8800万円となっている。先述の取引面積が伸びる中、フラノマルシェオープン後に商業地も住宅地も取引額が大きくなっている。

表16　中心部におけるフラノマルシェオープン前後の不動産取引額 (表15を集計して筆者作成)

単位：万円

年度	2008年～2009年	2010年～2015年
住宅地	6400	1億3100
商業地	1億6100	3億2800

　フラノマルシェオープン後の2010（平成22）年度から2015（平成27）年度までの累積取引額では、住宅地が1億3100万円、商業地が3億2800万円となっている。さらに、フラノマルシェ、ネーブルタウンの影響を確認するため、幸町を除いた各町の取引額を確認する。

幸町を除いた取引金額

　2008（平成20）年4月から2010（平成22）年3月までの間で、商業地は1億4300万円の取引があったが、その中で日の出町が7300万円と最も

表17　幸町を除く中心部の年度別・町別不動産取引額 (国土交通省の「不動産取引価格情報」をもとに筆者作成。＊数値の合計・割合は、端数処理前の数値で行っているので、表に現れた数値の計算とは一部合致しない)

単位：百万円

		2008年～2009年		2010年～2015年		合計
		金額	割合	金額	割合	
本町		58		137		
	商業地	17	26.6%	24	19.3%	41
	住宅地	41	28.7%	113	52.8%	154
日の出町		73		58		132
	商業地	0	0.0%	12	9.6%	12
	住宅地	73	51.0%	46	21.4%	120
若松町		54		68		123
	商業地	42	65.6%	27	22.0%	70
	住宅地	12	8.4%	41	18.9%	53
朝日町		23		76		99
	商業地	5	7.8%	61	49.1%	66
	住宅地	18	12.6%	15	7.0%	33
合計		207		339		548
	商業地	64	100.0%	124	100.0%	189
	住宅地	143	100.0%	215	100.0%	359

多く、次いで本町が 4100 万円となっている。住宅地では 6400 万円の取引があったが、その中で若松町が 4200 万円と最も多くなっている。

フラノマルシェオープン後の 2010（平成 22）年度から 2015（平成 27）年度の間で商業地では 2 億 1500 万円の取引があり、その中で本町が 1 億 300 万円と最も多く、次いで日の出町が 4600 万円、若松町が 4100 万円と続いている。住宅地では、1 億 2500 万円の取引があったが、その中で朝日町が 6100 万円と最も多くなっている。

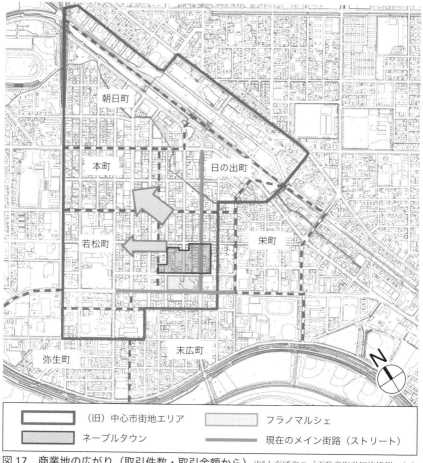

	（旧）中心市街地エリア		フラノマルシェ
	ネーブルタウン		現在のメイン街路（ストリート）

図 17　商業地の広がり（取引件数・取引金額から）（国土交通省の「不動産取引価格情報」をもとに筆者作成）

フラノマルシェがオープンし、ネーブルタウンができる中で、周辺町への不動産投資の状況を取引額でみると、商業地では本町への投資額が大きく、住宅地では朝日町への投資額が大きい結果となった。この投資額をすべてフラノマルシェから始まる中心市街地活性化の取り組みによる投資効果とまでは言えないが、少なくとも取引額の変化を見ると、相当の影響を与えているものと推察できる。

4 ｜ 中心市街地の土地利用状況

① 中心市街地内にある商店街の配置

　商業利用と住宅利用が混在する中心市街地の中で、土地利用状況を確認する要素として、商店街がどのように配置されているのかは大変重要な要素である。それは商店街がまちの中で買い物の場として、またコミュニケーションの場として最も中心的な役割を果たしていると言われているからである。

　マルシェ事業が始まるまで、富良野市では多くの商店街がそうであるように、衰退傾向に歯止めがかからず、閉店した店舗も多かった。しかし、マルシェ事業を契機として、フラノマルシェの来場者数は増加を続け、ネーブルタウンも新たな集客施設に加わった。このような集客施設の登場は、中心市街地にも好影響を与える。この好影響を真っ先に受けるとすれば、本来の立地の良さから、商店街の不動産がその候補に上げられる。

　富良野市の中心市街地では五つの商店街があり、それぞれ図18のような配置となっている。以下では、このような商店街の配置を意識しながら、(旧)中心市街地内の空き地・未利用地の状況、空き店舗の状況、開業状況を確認する。これにより、フラノマルシェやネーブルタウン事業後の(旧)中心市街地内の変化を確認し、その影響について考察する。

図 18　商店街位置図 (富良野市提供)

② 空き地・未利用地の状況

　2007（平成 19）年 8 月に行った（旧）中心市街地の現地調査によると、空き地・未利用地は中心市街地内に 88 ヶ所点在し、面積は合計すると 2 万 1556 ㎡ であると確認されている。

　その後、2013（平成 25）年 6 月に再度実施された空き地・建設未利用地の現地調査では、前回確認された 88 ヶ所の内 24 ヶ所（面積：1 万 1246.04 ㎡）が宅地として有効活用されていた。一方で新たに 22 ヶ所の空き地・未利用地が分かり、面積にすると 7130.32 ㎡ との報告が行われている。

　また、2016（平成 28）年に行われた 3 回目の調査では、空き地、未利用

地が 5 ヶ所（面積は不明）発生していることが確認された。このような空き地・未利用地の状況から、2007（平成 19）年から 2016（平成 28）年の間に、空き地未利用地は（旧）中心市街地の中で 3 ヶ所増え、2016（平成 28）年では 91 ヶ所となった。

表 18　（旧）中心市街地エリアの空き地・未利用地の状況

	2007（平成 19）年	2013（平成 25）年	2016（平成 28）年	合計
未利用地	88 ヶ所 2 万 1556m²	22 ヶ所 7130m²	5 ヶ所 地図で確認	115 ヶ所
活用地	—	24 ヶ所 1 万 1246m²		24 ヶ所
現在の未利用地				91 ヶ所

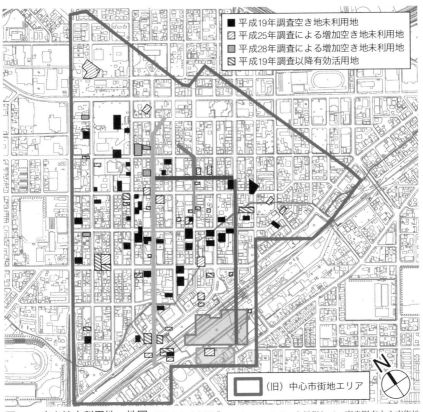

図 19　空き地未利用地　地図（「快適生活空間『ルーバン・フラノ』を目指して　富良野市中心市街地活性化基本計画」北海道富良野市（平成 28 年 11 月 29 日変更）13 頁の図を基に筆者作成）

また、未利用地の場所を地図上で確認すると、商店街に面する未利用地は22ヶ所で、商店街以外の未利用地が多い。

　一方で、（旧）中心市街地の中で、幸町を除く不動産取引について、種類（取引対象不動産を「宅地（土地）」、「宅地（土地と建物）」の別に分類）でみると、2011（平成21）年以降の取引の中で、土地のみの宅地取引は24件となっている。

　一般的な事業投資では、早期に収益を上げるために一刻も早く投資資産を活用しようと行動する。不動産投資においては、取得後すぐに活用する場合もあるが、土地の持つ特性から事業目的に合った合理的な面積の不動産を1回で取得するのが難しいことも多い。このような場合、数年から10年以上の時間を掛けて徐々に不動産を取得するといったことが行われる。それ以外にも、土地価格は需給状況により価格が上下に変動するといった特性を持つ。そのため、値上がり期待の地域では、将来の投機利益を目的とした投資ということも通常行われている。

　（旧）中心市街地について考えてみると、前出の空き地・未利用地調査では、2013（平成25）年には、24ヶ所の空き地・未利用地の活用が確認できている。2018（平成28）年の調査では、空き地・未利用地の活用が確認されていない。とすれば、2014（平成26）年以降に行われた10件の不動産取引では、単純に不動産取得のみを目的とした取引であったということになる。

表19　町別・年度別・種類別　不動産取引件数 (国土交通省の「不動産取引価格情報」をもとに筆者作成)

	2009年度	2010年度	2011年度	2012年度	2013年度	2014年度	2015年度	計
◇宅地（土地）	6	2	0	3	3	4	6	24
若松町	1				2	3	2	8
朝日町	3	1					1	5
日の出町	1	1		1	1		1	5
本町	1			2		1	2	6
◇宅地（土地と建物）	3	0	1	3	1	2	2	12
朝日町	1		1	1			1	4
本町	2			2	1	2	1	8
合計	9	2	1	6	4	6	8	36

これをどのように判断するかは難しいところだが、事業目的に求められる広さを確保するための投資や、将来の不動産の値上がりを期待した投機的な投資が行われているのだとすれば、現在の未利用地増加の状況は、まちが大きく変わるための準備段階に入ったとも考えられる。今後の土地利用がどのように行われていくのか、(旧)中心市街地への影響を含め注視したいところである。

③ 空き店舗の状況

　(旧)中心市街地エリアの空き店舗数は、2014（平成26）年度の調査で9ヶ所だったが、2016（平成28）年度の調査では、その内の4ヶ所で空き

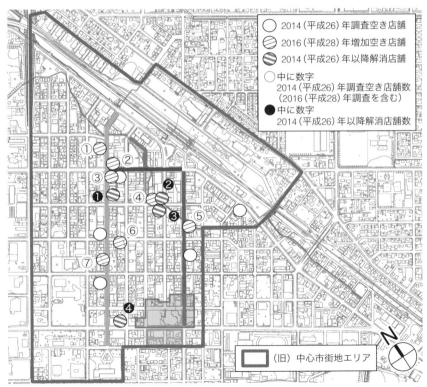

図20　空き店舗位置図（2014 年調査）（「快適生活空間『ルーバン・フラノ』」を目指して　富良野市中心市街地活性化基本計画」北海道富良野市（平成 28 年 11 月 29 日変更）13 頁の図を基に筆者作成）

店舗が解消された。

ただ 2016（平成 28）年度の調査では新たに 7 ヶ所の空き店舗の増加が確認され、空

表 20　空き店舗の活用状況 (図 20 から筆者作成)

	2014 年	2016 年	2016 年
空き店舗	9 ヶ所	7 ヶ所	16 ヶ所
活用店舗	—	4 ヶ所	4 ヶ所
現在（平成 28 年）の空き店舗数			12 ヶ所

き店舗は 2014（平成 26）と比べ 3 ヶ所増加した。地図上で確認すると、新たに確認された 7 ヶ所の空き店舗の内、6 ヶ所は中心市街地内の商店街に面しており、特に本町通り商店街周辺での空き店舗が目立っている。

フラノマルシェ、ネーブルタウンの開発事業では、一定の商業集積を実現し集客力を発揮しているが、一方で中心市街地内にある商店街では、空き店舗（退店）が増加し続けている。空き店舗（退店）が増加する原因を平成 27 年度商店街実態調査（中小企業庁委託事業）でみると、一番多いのは「商店主の高齢化・後継者の不在 （66.6%）」で、次に「他の地域への移転 (23.8%)」「同業種との競合 （12.9%）」「商店街に活気がない (12.8%)」の順となっている。富良野市でも同じような状況が起こっているとするならば、多くは商店主の高齢化、後継者不足に起因していることになる。

マルシェ事業の効果により、集客力を発揮している中心市街地において、魅力ある商店街の復活は、中心市街地内の商業が面としての広がりを持つ

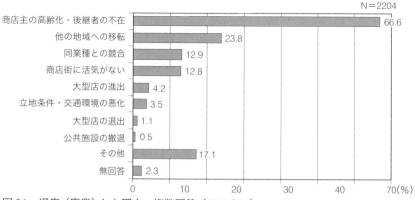

図 21　退店（廃業）した理由　複数回答（二つまで）(平成 27 年度中小企業庁委託調査事業『商店街実態調査報告書』(2016 年 3 月) 株式会社アストジェイ、59 頁)

ことであり、中心市街地活性化が目指すところでもある。不動産活用の視点から現在の空き店舗をまちの資産と捉え、今後新たな若い経営者・後継者の受け皿となる仕組みを作るような取り組みが行われれば、店舗の活用が進むことになる。今後もマルシェ事業の効果として、空き店舗の推移に注目したい。

④ 開業状況

富良野市の中小企業振興補助金事業実績一覧[5]、及び富良野市商工会議所会員企業新規開業者一覧[6]の情報に基づく、2012（平成24）年度以降の新中心市街地、及び新中心市街地[7]周辺の開業（フラノマルシェ、フラノマルシェ2への出店を除く）は、表22の通り33件が確認されている。その内、中小企業振興補助金に基づく開業が22件で、その内19件は賃貸店舗・賃貸事務所での開業であり、3件は自己所有の店舗での開業となっている。

また、開業業種を見ると、飲食店が15件でその割合は45.5％と最も多く、次いで物販店が6件でその割合は18.2％と続いている。

開業場所としては、富良野駅の南側で28件、北側で2件となっており、北側の2件（(旧)中心市街地活性化エリア外）はいずれも美容室となっている。

新中心市街地エリアのある駅南側の商店街街路に焦点を当てると、メインストリートの五条商店街では新規店舗が4店（内、賃貸店舗2件、自己店舗2件）、相生通商店街では新規店舗が4店、新規事業所が1事務所、

表21　業種別・年度別開業件数 （表22をもとに筆者作成）

	2012年度	2013年度	2014年度	2015年度	2016年度	計
サービス	2	2				4
飲食店	4	3	5	2	1	15
事務所			2	2		4
美容室	3	1				4
物販店	1	1		2	2	6
合計	10	7	7	6	3	33

表 22 富良野市の新中心市街地及び新中心市街地周辺の開業状況 (富良野市の中小企業振興補助金事業別実績一覧及び富良野市商工会議所会員企業新規開業者一覧の情報に基づき筆者作成)

I　中小企業振興補助金に基づく開業状況

番号	店名	年度	業種	店舗	種別	住所
1	カフェラウンジつばさ	平成 24	飲食店	賃貸	開業	日の出町 8 - 15 興信ビル 2F
2	ドッグサロン向日葵	平成 24	サービス	賃貸	開業	本町 2 - 2
3	こがねちゃん弁当	平成 24	物販店	賃貸	開業	本町 6 - 25
4	PURE	平成 24	美容室	賃貸	開業	錦町 2 - 18
5	すぶらうと	平成 24	飲食店	賃貸	開業	日の出町 5 - 2
6	寿司処たかはし	平成 24	飲食店	賃貸	開業	日の出町 11 - 2
7	クレセントふらの	平成 24	サービス	賃貸	開業	日の出町 3 - 5
8	Bird	平成 24	美容室	賃貸	開業	日の出町 10 - 20
9	C afé G alanthus	平成 24	飲食店	賃貸	開業	日の出町 7 - 6
10	フラノベーカリー	平成 25	物販店	賃貸	開業	本町 1 - 1
11	エステサロン Supreame	平成 25	サービス	賃貸	開業	若松町 6 - 13
12	C. three	平成 25	飲食店	賃貸	開業	日の出町 6 - 13
13	Furano Dining Cafe	平成 26	飲食店	賃貸	開業	本町 1 - 17
14	FURANO BAR	平成 26	飲食店	賃貸	開業	本町 1 - 22
15	ねこのしっぽ	平成 27	物販店	賃貸	開業	若松町 3 - 29
16	フラノパティスリートロン	平成 27	物販店	賃貸	開業	幸町 1 - 23
17	ばあちゃん家	平成 27	飲食店	賃貸	開業	朝日町 9 - 12
18	Haus Von Frau Kurosawa	平成 28	物販店	賃貸	開業	末広町 8 - 1
19	街なか Café 和音	平成 28	飲食店	賃貸	開業	朝日町 4 - 6

A	Viva! Pasion	平成 24	美容室	所有	開業	幸町 3 - 11
B	レッヒェルン	平成 25	美容室	所有	開業	錦町 4 - 1
C	エステショップ WALEA	平成 25	サービス	所有	開業	日の出町 10 - 21

II 商工会議所会員企業の新規開業状況

番号	店名	年度	業種	店舗	種別	住所
20	アラカンパーニュ	平成 24	飲食店	不明	開業	幸町 10 - 1
21	フラノダイニング	平成 25	飲食店	不明	開業	本町 1 - 17
22	コミュニティマネジメント㈱	平成 26	事務所	不明	開業	本町 8 - 1
23	ボナンザ	平成 26	飲食店	不明	開業	本町 1 - 14
24	キッチンファーム　テューバーズ	平成 26	飲食店	不明	開業	弥生町 4 - 1
25	㈱ライフサービス	平成 26	事務所	不明	開業	栄町 1 - 26
26	Rincontro	平成 26	飲食店	不明	開業	朝日町 2 - 2
27	ホルモン屋	平成 27	飲食店	不明	開業	本町 8 - 33
28	オクヒラ測量	平成 27	事務所	不明	開業	末広町 9 - 5
29	竹内建機サービス	平成 27	事務所	不明	開業	本町 2 - 1
30	ゆい菓	平成 28	物販店	不明	開業	朝日町 2 - 2

図 22　開業地図 (表 22 から筆者作成) と外観写真 (写真提供：富良野商工会議所 [撮影：大玉英史])

② ドッグサロン向日葵

⑤ すぷらうと

⑩ フラノベーカリー

⑬ Furano Dining Cafe

⑭ FURANO BAR

⑮ ねこのしっぽ

⑯ フラノパテスリートロン

⑰ ばあちゃん家

表 23　商店街での開業 <small>（表22をもとに筆者作成）</small>

	店　舗				事業所	合計
	飲食	物販	サービス	美容室		
五条商店街	1	―	1	2	―	4
相生通商店街	3	1	―	―	1	5
リバーモール商店街	1	1	―	―	―	2
すずらん商店街	1	―	―	―	―	1
合計	6	2	1	2	1	12

表 24　商店街以外での開業 <small>（表22をもとに筆者作成。＊合計33件の内、2件は駅北側、5件は南側（旧）中心市街地エリア外）</small>

	店　舗				事業所	合計
	飲食	物販	サービス	美容室		
新中心市街地エリア	6	―	1	1	1	9
それ以外（（旧）中心市街地エリア）	1	2	1	―	1	5
合計	7	2	2	1	2	14

リバーモール商店街では新規店舗が2店、すずらん商店街では新規店舗1店舗となり、19店舗の内、商店街での開業が11件となっている。また、商店街を除く新中心市街地エリアでは、新規店舗が8店、事業所が1事務所開業している。商店街を含む、新中心市街地での新規開業は合計21件となっている。

　一方それ以外の開業で、（旧）中心市街地エリアに含まれるものは、新規店舗が4店、事業所が1事務所（合計5件）となっている。

　フラノマルシェ、ネーブルタウンが誕生したことで、先述の空き店舗の増加状況から、近隣の商店街が衰退しているとも捉えられるが、一方で開業の状況を見ると、空き店舗を上回る量の開業が（旧）中心市街地内では起こっている。地域的には、富良野駅に近い相生通商店街、すずらん商店街及びその近隣での開業が多い。一方で空き店舗が多くなっている本通り商店街の新規開業は見られない。"本町"という町名は、一般的に市の中心部を示すことから、本通り商店街はかつて富良野市の中心商店街であった。その中心商店街での新規開業が進まないのはなぜだろうか。

　空き店舗の増加でも確認した平成27年度商店街実態調査(中小企業庁委

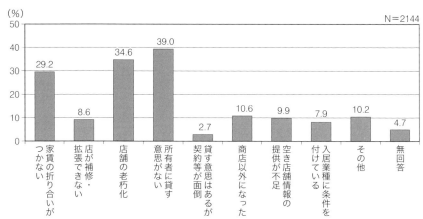

図 23 地主や家主等貸し手側の都合による理由 複数回答（二つまで）（平成 27 年度中小企業庁委託調査事業『商店街実態調査報告書』(2016 年 3 月) 株式会社アストジェイ、60 頁)

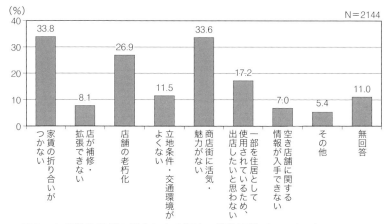

図 24 テナント等借り手側の都合による理由 複数回答（二つまで）（平成 27 年度中小企業庁委託調査事業『商店街実態調査報告書』(2016 年 3 月) 株式会社アストジェイ、61 頁)

託事業）によると、「空き店舗が埋まらない理由」としては、貸し手と借り手の双方に様々な事情がある。「地主や家主等貸し手側の都合によるもの」としては、「所有者に貸す意思がない」（39.0%）、「店舗の老朽化」（34.6%）、「家賃の折り合いがつかない」（29.2%）の順に多くなっている。また、「テナント等借り手側の都合によるもの」としては、「家賃の折り合いがつかない」（33.8%）、「商店街に活気・魅力がない（33.6%）、「店舗の老朽化」

（26.9%）の順に多くなっている。

　これを不動産の視点でとらえると、家主（貸し手）は一旦賃貸すると借地借家法の適用を受けて、後々退出するときにもめるのではないかといった法律面の不安や、建物設備の不備や構造上の問題により、家主としての新たな投資が必要になるのではないかといった資金の問題、さらに、家主と賃借人での家賃の相場観の違いなどが上げられる。

　家賃については、需給関係で決まることが多いことから、不動産の特性として次第に調整されていくものと思われるが、それ以外の問題については、不動産賃貸借契約の方法を考慮することにより、解決できる場合も多い。例えば、まちづくり会社等がサブリースするといったことが挙げられる。賃貸に対する建物保有者の不安を取り除くとともに、賃借希望の開業を志す事業者にとって資金調達が可能であり、かつ支払可能で収益が確保できる範囲の条件になることが求められる。このような賃貸借条件の整備に加え、立地と投資のバランスが取れ始めると、さらに商店街の空き店舗が解消されていくものと思われる。

5 ｜ 不動産の視点で見たマルシェ事業の影響

　本章では、初めに述べたように、経済波及効果では見えない効果を不動産の地価の変化、不動産取引の状況、土地の利用状況から確認した。ここで今一度その内容を整理する。

　はじめに地価の動向を公示価格、基準価格を取り上げてマルシェ事業地の地価が上がっていることを示した。これに続き、さらに地価上昇の影響がどのような範囲に及んでいるかを路線価により確認した。しかし、このような地価上昇の動きは、実際の取引実績を踏まえたうえで不動産鑑定士等の専門家が参加する中で評価されている。このことは、本文でも示したように遅行指標であり、実際の不動産取引の動きは、このような評価に先立って行われている。

では、不動産視点でみたマルシェ事業が与えた影響は、どのようなところから始まるのか。一般的には、1ヶ所に多くの投資を必要としないようなところから始まるとみるのが妥当であろう。例えば、隣接地の住宅地の不動産取引の状況は、マルシェ事業の影響だけとは言えないまでも、マルシェ事業が新たな雇用を生み出していることは事実であることから、少なからず影響を与えたと考えられる。また、商業地では中心市街地内における開業の動きである。既存の空き店舗の活用がなかなか進まない中、空き店舗以外で多くの開業が確認されている。このような開業のすべてをマルシェ事業と関連付けることはできないが、開業者がこの地域に何らかの将来性を感じたことは想像できる。特に若い経営者であれば、その期待は高いと思われる。このような、まちとしては些細な変化がマルシェ事業と相まって、次第に不動産の取引に影響を与えたと考えても間違いではない。このような動きが、不動産購入希望者にも将来性を感じさせたことで、今までの価格より高い金額による購入が行われた。その結果として公示地価、基準地価、路線価の上昇につながったのである。

　このような、不動産活用の変化を時系列に捉えることで、フラノマルシェに始まるマルシェ事業の地域経済に与えるスパイラル効果の大きさが理解できるものと思われる。

注
1　不動産の取引価格、地価公示・都道府県地価調査の価格を検索して見ることができる国土交通省の WEB サイト　http://www.land.mlit.go.jp/webland/
2　不動産価格情報検索「Web の見方」の"7 地域"に記載
　　http://www.land.mlit.go.jp/webland/note.html
3　同上
4　(旧) 中心市街地エリア：2008 (平成 20) 年 11 月に国の認定を受けた「新富良野市中心市街地活性化基本計画」で示された中心市街地エリア。このエリアは、2014 (平成 26) 年に見直しが行われ、新たに規模を小さくして新中心市街地が設定された。
5　中小企業振興補助金の内、①店舗棟新築改装補助事業、②新規出店家賃補助事業から抽出。

6 富良野市商工会議所会員企業の新規開業者については、(旧) 中心市街地エリア内での新規開業を抽出

7 新中心市街地エリア：2014 年 10 月に認定された「富良野市中心市街地活性化基本計画」で、中心市街地活性化エリアが変更され、新中心市街地エリアが決められた。

参考資料

単位：千円／m²

| 番号 | 路線価 | | 増減 |
	2010 年	2017 年	2010 年－2017 年
☆⑨	21	24	3
☆⑪	22	21	−1
☆⑫	21	21	0
☆⑬	32	35	3
☆⑯	22	23	1
☆⑰	22	23	1
☆⑲	30	36	6
☆㉒	30	34	4
☆㉓	30	34	4
＊9路線の路線価の増減合計	増減合計		21
＊9路線の路線価の増減平均	増減平均		2.33

2017（平成 29）年の路線価によると、表 5 の 9 路線の路線価は左記のようになる。その結果、増減平均は 2330 円となり、マルシェ事業の面積合計 1 万 129.83m² で再計算すると、路線価上昇への貢献は約 2633 万円となる。この金額は 2016（平成 28）年の貢献の約 2.6 倍にあたる。

第 **5** 章
フラノマルシェは地域内経済循環を
いかに高めたか

　第3章及び第4章の分析を踏まえて、地域内の経済循環という観点から、富良野市中心市街地活性化事業の成果を分析することにしたい。従来の歩行者通行量、商店数の増減、新規事業者数といった指標は、中心市街地活性化の事業成果を測定する指標としては一面的であり、地域全体に及ぼす経済効果を測定したことを必ずしも意味しないことは先に指摘した。とすれば、地域内の経済構造、お金の循環の分析が必要になることは、繰り返し指摘しているところである。

　また地域内の経済循環を重視する視点は、外来型産業に依存するのではなく、地域内の産業が相互に関連し合いながら、経済規模を持続的に拡大していく「内発的発展」[1]論の考え方に近い。この視点は、衰退する地域経済を立て直すために、どの産業を基盤産業として育成し外貨を稼ぐか、そしてその外貨を地域内の非基盤産業の雇用・所得を増やすことにつなげ、どのように地域経済の自立を実現していくか、その地域にとって持続可能なまちづくりを進めるためにどのような戦略をとるべきかを明瞭に示してくれると言えよう。

　こうした観点からすれば、富良野市におけるマルシェ、マルシェ2の事業が果たした役割は、想像以上に大きい。

1 ｜ 地域内経済循環における「三段ロケット」

　以下は、富良野の地域内経済循環を通じた発展を「三段ロケット」に見立てて説明しようとしたものである。建設投資などの直接的経済効果を除

いても、呼び水としてのマルシェ事業への投資が、やがて自立的に経済が回っていくような状況へと発展していく成長経路を示唆している。

　第1段ロケットは、飲食、物販、サービス業などの、いわゆる観光産業の発展を通じて外貨を獲得する段階である。飲食、物販、サービス業は、本来地元住民を対象とした非基盤産業に位置づけられるが、マルシェとマルシェ2は合わせて121万人もの来街者を中心市街地へ誘客し、年間約7億3000万円（2016年度）もの売上を上げている施設であり、明らかに地域外からの外貨を獲得している基盤産業の一部と言える。第3章の経済波及効果の分析によれば、マルシェとネーブルタウンの建設投資効果だけでも65億8000万円という直接的効果が算定され、さらにそのことによる消費効果を合わせると、マルシェ開業後の6年間で、少なくとも1113億4400万円にも及び、年数が経つほど累積効果が拡大すると推計されている。

　マルシェの建設では、公共事業や補助金が投入される建設事業と同じく、入札が行われた。これは、第1章でも指摘されたように、多くの業者が入札に参加できる公平性・透明性とコストを抑える経済性を担保する仕組みといえる。しかし、地域経済の循環という観点からすれば、建設投資効果は大手ゼネコンが請け負う場合と地元業者が請け負った場合では経済的波及効果に大きな違いが現れる。というのも、地元の業者が仕事を請け負う場合、業者の雇用と所得が発生するからであり、域外の企業が請け負う場合には域外へ資金が流出し、雇用も所得も生まれないからである。もちろん、大手ゼネコンが請け負う場合には、ほとんどの仕事が地元の業者に発注されるとも言われるが、その場合でもゼネコンの利益は本社に吸い上げられることになり、それだけ地域内での雇用・所得は低下することになる。

　他方、消費効果については、マルシェの売上の大部分（地域内住民の買い物金額を除く）は、外貨を獲得したことを意味する。その結果、図1における財と所得の流れに示されているように、地域内の飲食、物販、サービス業の雇用と所得を押し上げるとともに、農業生産者の雇用と所得を増加させた分だけ飲食、物販、サービス業を押し上げ、またこの産業内での

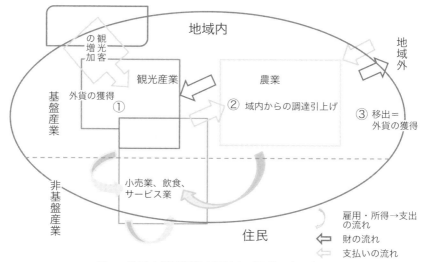

図1　地域内経済循環を通じた「三段ロケット」

雇用・所得の増加を通じて、地域内で循環するお金が増えることになる。この経済効果は、年数が増えるとともに累積され、2015（平成27）年6月のネーブルタウン内のマルシェ2の開業によってさらに加速されることになる。

　もっとも、基盤産業としての観光産業の始まりは、第1章で触れたように、1970年代まで遡ることかできよう。1980年代以降は倉本聰脚本の「北の国から」のTV放映やラベンダー畑などの観光ブームを通じて年間200万人もの観光客を富良野に来訪させることに成功した。とくに飲食、サービス産業などの雇用・所得の増加につながる地域内経済循環の効果は大きかったと推測される。しかし、こうした観光産業の繁栄は、都市、とくに中心市街地の発展に必ず結びつくわけではない。ピークには249万人もの観光客が来訪していたにもかかわらず、中心市街地の衰退が深刻化したことは、第1章でも指摘されたように、富良野の歴史が何よりも物語っている。観光客による中心市街地の活性化には、豊後高田市の昭和の町が脚光を浴びたように、商店街そのものが集客装置とならない限り、効果は薄い

のである。言い換えれば、中心市街地に集客できる施設、仕掛けが必要になるのであり、その意味で観光客を主要なターゲットとしたマルシェ事業の狙いは適切であったと言える。

　もちろん、同じ商業施設でも、そのコンセプトやそれを実現するテナント構成によって地域経済への経済的波及効果は異なる。例えば、現マルシェの敷地に大手SCを誘致したとしよう。しかし、全国的にテナントが画一化され、どこでも見られる「金太郎飴」のようなSCは、富良野市周辺から集客できることは間違いないとしても、観光客にとって魅力的な施設であるかどうかは疑問である。もちろん、観光客が多いという立地特性を活かしてSCの目玉として、特産品などの売場を確保することは可能である。しかし、その効果が現在のフラノマルシェのような施設となることはありえないのではないか。というのも、大手のSCの場合、フードコートを内部に設置し、観光客や地元来街者の囲い込みを行うに違いないからである。そうなると、第1章でも指摘されたように、観光客の回遊は施設内に留まることになる。

　一方で、地元のテナントではSCのデベロッパーの要求する賃料を支払うことは困難かもしれない。そのうえ大手SCでは、全体としての売上を維持するために、事業用定期借家契約によってほぼ5年に一度の大規模リニューアル＝テナントの入れ替えを実施しており、単独店は対応が困難になっている。というのも、一店でも契約の非更新が起こると、単独店は対応が困難であり、その結果実質的にSCには複数店舗による事業の分散が可能なチェーン店しか参入できない状況にあるからである。それゆえ、大手SCではマルシェ2のような、地元の起業家を中心としたテナント構成は困難なのである。

　第2段ロケットは、物販、飲食の食材などを地域内から調達することで、これら一次産業の売上、雇用・所得増につなげる段階である。地域内の取引であれば、それだけ地域内での雇用・所得を増加させ、地域内の経済循環を高めるように作用する。マルシェでは、アルジャンやオガールを始め

として富良野の特産物や農産物が販売されているが、さらにマルシェ2では、アルジャンと同じ富良野物産観光公社が経営する「彩り菜」という店舗で農産物が販売されている。これは生産者達が自分の商品を直接持ち寄って販売する形態であり、

図2　生産者が持ち込んだ農産物が委託販売されている「彩り菜」（写真提供：ふらのまちづくり株式会社　図2、3、6、11）

生産者にとっては委託販売の方式で、売れただけ手数料を引いて代金が支払われ、売れ残りは納品の時に引き取る仕組みとなっている。そういう意味では「道の駅」と同じやり方と言えるが、生産者としては単なる販路の確保というだけでなく、アンテナショップと位置づけられているという。というのも、生産者は30、40代が中心で、新規就農やUターン組も含まれており、農業生産での経験が乏しいほど、消費者の反応を確認したいという思いがあるからである。例えば、道内で通例使用されている化学肥料の半分で特別栽培したり、生産量が少なく一般流通には回らない野菜を販売したりする一方で、野菜ソムリエを招いて研究会なども開催している。彩り菜では「おいしい、楽しい、健康的」をキーワードとして、「作りにくくても、美味しいものを作ってみよう、完熟したものを販売しよう」といった試行錯誤を重ねている。彩り菜は自分の作った農産物が売れるのかどうか、直に消費者の反応を見ることかできる実証実験の場でもあると言えよう。

　いずれにしても、地域内の取引を増やすことは、それだけ地域内での経済循環を高め、雇用・所得を増やすように作用するのに対し、マルシェのアルジャンで販売している農産物、加工品、菓子などの商品が域外から調達＝移入している場合には、その分調達された商品（中間財）に対する支払いが発生し、域外へお金が流出していくことになる。このように、地域

内の調達率を増やすことは経済的波及効果を高めることになるが、第3章の分析ではデータの入手が困難であることから、北海道における平均的な調達率を前提として推計している。それゆえ、正確な数値こそはじき出せないものの、推計値は実態よりも低目になっていることは間違いなく、その点は再度確認しておくことにしたい。

　同じことは、マルシェ、マルシェ2についても当てはまる。そのテナントを全国チェーンとした場合と地元の事業者にした場合では、地域経済の循環という観点から大きな違いがあるのである。地元の事業者の場合、そこで生まれた雇用を通じた所得は、そこで雇用されるアルバイトなども含めて、地元の小売業、サービス業に対する支出となるからである。もちろん、大手のSCでも、商業施設の固定資産税やパート・アルバイト雇用による所得税は地元に落ちることは間違いない。その点に関する限り、まちづくり会社が運営する場合と異ならないが、しかし、SCのデベロッパーやチェーン店が得た収益は本社へ吸い上げられ、地域には地方税である法人住民税（会社全体の従業員の比率によって配分される）のみが納付されるに過ぎないからである。

　地域内経済循環を高める第3段ロケットは、前述した地域内の生産者の販売先が、マルシェやマルシェ2に限らず、地域内の他の飲食店などにも拡大したり、さらに地域外へ向けても移出されたりすることで、農業が外貨を稼ぐ基幹的基盤産業へと発展する段階である。富良野の場合には、もともと寒暖差の激しい気候風土が農産物の糖度を高め、「美味しい」という評判を獲得してきた。前述した「北の国から」のTV放映も相まって、富良野の農産物と言えば、「北海道の豊かな大地の恵み」というイメージを確立できていたと言えよう。マルシェによって年間約80万人、さらにマルシェ2の開業によって121万人にも膨れ上がった来街者が訪れ、富良野の農産物、菓子などを土産物として購入しているのである。

　しかし、それだけではない。来街者の多くは、マルシェやマルシェ2以外でも、宿泊や飲食を通じて富良野の美味しい食材を味わうことになるで

あろう。富良野では街をあげて「オムカレー」をアピールしているが、それに続く第2弾として、例えばアスパラなど地域の特産品を使った料理を共同で開発し、それを複数の店舗で売り出していく販促方法も考えられるであろう。

　また富良野の美味しい食を体験した観光客は、再度味わうために富良野のリピーターになるであろうし、機会が許せば食材を買い求めるに違いない。実際、前述した「彩り菜」を運営するメンバーの目標は、「富良野で美味しく食べて帰ってもらって、帰ったら富良野の商品を見つけて、『ああ、良かったね』と思い出してもらって買ってもらうこと」だという。すでに富良野のアスパラ、メロン、スイートコーンなどは TV・カタログとネットを通じて販売されているが、前述した理想的な「循環」が起これば、販売数量は飛躍的に増大すると考えられる。地域内に農産物の移出を仲介する卸売業者が存在する場合、この面でも地域内の雇用・所得を増やし、経済循環を高めることになろう。

　他方で、富良野の農産物に代表される地域ブランドの形成は、大都市やその周辺において富良野ブランドを活用した事業展開を可能にしている。国道38号を挟んでマルシェの対面に 2016（平成28）年5月に開業した Haus Von Frau Kurosawa 2 号店の富良野店がそれである。同店の本社は、千葉県市川市にあり、店頭には富良野から取り寄せた牛乳が並ぶとともに、北海道のバターと富良野の牛乳を使用し、北海道産のメロン（赤肉メロン）の

図3　マルシェの対面に開業した菓子店と人気のバームクーヘン

透明感のある甘さを含んだ味と香りを再現したバームクーヘンが製造、販売されている。まさに富良野の自然と大地の恵みというイメージをブランド化しようとしたものであり、富良野への出店はブランドに実在的な価値を持たせる意味があろう。またこうした店舗の出店自体が、富良野がすでにブランド価値をもつことの証と言えよう。

2 ｜ 中心市街地のダイナミズム

　繰り返し指摘するように、マルシェは「まちなかの滞留拠点」として位置づけられ、そこで集客した市民や観光客を中心市街地内の商店街に誘導し、回遊性を高めることでエリア内の活性化を図ることを目的としていた。これまでの分析は、中心市街地を超える地域の経済循環に視点をやや拡大し過ぎた嫌いがある。もちろん、地域の経済力が増せば、当然それは中心市街地の活性化、少なくとも中・長期的な視点で見れば、その経済的「底力」の向上に結びつくはずである。以下では、第4章の不動産の実態分析に基づいて、マルシェ、マルシェ2の開業がどのような経済的効果を持ったかを確認することにしたい。

　その詳細は第4章の分析に譲ることとして、結論だけを言えば、マルシェの開業とその年間約80万人という爆発的な集客力は、ネーブルタウン内のマルシェ2への11店舗の新規出店、隣接の再開発事業での店舗の建て替えを誘発することになった。マルシェの集客力によって生み出された経済的ポテンシャルのために、多くの商業者の期待が高まり、その結果としてこの地域における路線地価を顕著に上昇させることになったと言えよう。しかしながら、路線地価の上昇は、マルシェ、ネーブルタウン周辺に限定されている。この場所から遠くなればなるほど、その集客効果も低下し、地価は低迷したままである。とはいえ、マルシェやネーブルタウンなどの「目に見える」集客効果は、中心市街地においてもこれをビジネスチャンスと捉えた新規開業や店舗改装を促進したと言える。その成果が、第4章で

確認したマルシェやネーブルタウン以外での新規事業者の出店だったのである。もちろん、新規投資は同じ中心市街地でも場所によって落差がある。というのも、新規投資は投資に伴う資金とそれによって得られる収益の相対的関係によって決定されるからである。業種業態によっても異なるが、賃料が下がったとはいえ、相場よりも高止まっている商店街を避け、一筋中に入った場所で新規開業が多くなっているのも、こうした関係の証左と言えよう。

　先にも指摘したように、中心市街地は商店街の衰退とともに、地価が下落する。しかし、不動産業界で一般的な「投資利回り」という発想に立てば、地価が下がれば、投資のチャンスになる。その投資を躊躇させたのは、端的に言えば。投資に対するリターンが低いからということになろう。

　1990年代後半から国や都道府県の振興策として「空き店舗対策事業」が活発に行われた。しかし、その効果は期待されたほど高くはなかったし、仮に空き店舗が埋まるなど一時的効果があったとしても、長続きはしなかった。というのは、それはビジネス環境を整備することなく、いわば集客力の落ちた商店街を「現状維持」のままで、単に賃料を下げることで、新規開業に伴うコスト＝リスクを引き下げたに過ぎなかったからである。前述した空き店舗対策は、賃料相場の落ちた家主に対する一種の賃料保証として機能するとともに、賃料を高止まりさせる効果を持つことになったのではなかろうか。かつての空き店舗対策事業の失敗は、賃料補助の期間が過ぎれば、集客力の優れた事業者でもない限り、高い家賃を支払い続けることはできなかったことにあり、退店することが目に見えていたからである。問題は、賃料をそのままにして新規事業者を増やすことではなく、投資利回りを高めるための貸し手の意識改革であり、相場に合わせた賃料の引下げや、場合によっては新規事業者の参入を誘発するような事業環境を改善する店舗、施設などのリノベーションだったのではなかろうか。

　高松丸亀町商店街の成功は、「土地の所有と経営の分離」にあると言われているが、それは店舗所有者が事業意欲を失えば、そこは空き店舗になっ

てしまうが、その店舗を借りる事業者がいれば空き店舗にならなくて済むという単純なものではない。従来の空き店舗は、新規事業者に限定して賃料、店舗改装などの経済的負担を軽減するために「補助」を行うことで、新規参入を誘発するというものであった。補助の意味は、新規事業者ゆえに事業が軌道に乗るまでの「助走」期間が必要であり、それゆえ賃料補助は一定期間に限定されていた。当然、その後の期間においても事業を順調に継続できるのかというリスクがあった。そもそも売上の減少などの事情によって前店舗が廃業し、空き店舗になっていたとすれば、それは新規事業者にとっても不利なビジネス環境を意味し、事業の継続を困難にする要因だったのである。とすれば、事業が継続されるためには、単に賃料を下げるだけでは不十分で、ビジネス環境を同時に改善する取組みが必要になっていたのである。

　そのうえで、次の問題は店舗所有者が一定の賃料を織り込んで転貸できると同時に、その店舗を借りて開業する事業者にとっても採算のとれるビジネス環境を生み出すことであったと言える。つまり、賃貸する所有者と賃借する事業者が両立できるような賃料を設定することが求められる。丸亀の事例で言えば、それは賃料に見合った売上が期待される商業施設（住宅を積むことを含めて）を企画・運営するデベロッパーの役割が重要であることを示唆しているのである。

　以上のような観点からすると、ふらのまちづくり株式会社が行ったことは、不動産賃貸業、つまり商業デベロッパーとしての事業に他ならない。マルシェという商業施設に限定すれば、純粋なデベロッパーであり、ネーブルタウンを含めた中心市街地全域であれば、文字通りの「まちづくり会社」であったと言えよう。

3 ｜ デベロッパーとしてのまちづくり会社

　繰り返し指摘するように、空き店舗対策によって新規事業者が開業し、

事業を継続できるかどうかは、事業の採算がとれる需要が存在するかどうかである。まちづくり会社の役割として、マルシェ並びにマルシェ2によって爆発的な集客力を発揮し、業種などによって個人差はあるものの、新規事業者でも事業採算がとれる売上を確保できるようなビジネス環境を生み出したことを、決して看過すべきではない。

① マルシェのコンセプト

　SCのデベロッパーが一般的に行っていることは、SCのコンセプト策定とその運営（ハード・機器の維持管理、テナント管理、共同販促など）であるが、まちづくり会社が果たしている役割は、単なるデベロッパー以上のものと言える。というのも、まずコンセプト策定について言えば、単にマルシェ、マルシェ2という商業施設のみならず、中心市街地活性化の基本コンセプトである「ルーバン・フラノ」（ルーラル〔田舎〕とアーバン〔都市〕を合わせた造語）に沿って策定されているからである。マルシェ2を含むネーブルタウン事業には、介護付き有料老人ホーム、認可保育所、クリニック、院外薬局、住宅だけでなく、市民が冬でも交流できる全天候型多目的交流空間（タマリーバ）まで完備されている。「まちづくり」に関連する側面は後述することとして、ここでは商業施設であるマルシェ、マルシェ2に限定して、その開発コンセプトを確認しておくことにしたい。

　中心市街地活性化基本計画によれば、マルシェ事業は、「協会病院跡地に複合商業施設と大型駐車場を備え、富良野らしい景観を備えた『飲食モール』を創出、富良野の食材を生かした『食文化の発信基地』とし、まちの玄関口・滞留拠点として、開発された」という。マルシェは、明らかに飲食モール、地元の菓子、ワイン、雑貨などを販売するアルジャンや農協が運営するオガールから構成され、まさに富良野の食文化の発信基地である。ターゲットは地元の消費者も一部含まれているとはいえ、主として観光客が想定されていると言える。

　もっとも、協会病院跡地利用として「白紙」の状態でコンセプトを考え

る場合、多様な選択肢がありえたはずである。実際、先のアンケート調査によれば、当初は大型 SC を跡地に誘致する案も浮上したようだ。この案は全く根拠がないわけではないことは、マルシェ開業後の 2010（平成 22）年に実施された『富良野市民動向調査結果』[2] からも推測される。2010（平成 22）年 12 月末に、町内会経由で配布・回収した調査票（701 通、回収率 86.2％）と満 25 〜 39 歳の市民を対象にして 250 人を無作為に抽出して郵送して回収した調査票（102 通、回収率 40.8％）によれば、食料品の主な購入先（複数回答）は、市民生協（73.4％）が最も多く、次いで「エーコープフォレスト店」（54.7％）、「ラルズ」（46.3％）、「ベストム」（30.4％）という順番で、中富良野のベストムを除くと、富良野市内の小売店舗で占められていることがわかる。食料品は購買頻度が高く、消費者は値段、品揃え、鮮度などを重視して購入先を決めるとは言え、できるだけ近くの店舗で購入しようとするため、富良野市内での購入比率が圧倒的に高いのは当然の結果である。一方、購買頻度の低い非食料品は、利便性よりも、豊富な品揃えの中で自分の趣味など、ニーズに合った商品を購入しようとするため、遠くまで出向することを厭わない傾向がある。図 4 は、前述の調査で、非食料品について過去一年間で最も購入頻度が多い購入先を選択してもらった結果である。

　実用衣料品、医薬化粧品、楽器 DVD、書籍文具玩具など、消費者が商品や品揃えに対するこだわりがそれほど強くなく、食料品と同じく利便性を求める商品については、富良野市内での購入比率が高くなっている。贈答品については、地域の特産品や購入先に対するこだわりが強いと推測されるために、富良野市内での購入比率が高いのであろう。これに対し、消費者が商品の選択に当たって複数の店舗を買い回る商品については、大きく二つに分かれる。一つは、時計眼鏡貴金属、呉服寝具、家電カメラといった商品は、富良野市内の購入比率が高いものの、旭川市内での購入比率も高い商品である。とくに富良野の中心市街地での購入比率が高くなっている時計眼鏡貴金属は、商業者の専門性や長年の付き合いの中で購入される

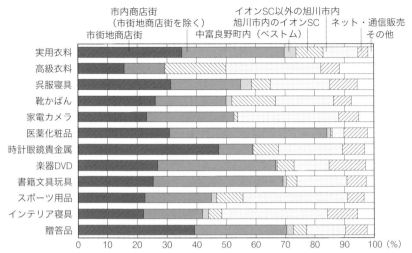

図4　富良野市民の買物行動調査（『富良野市民動向調査結果』（富良野市経済部商工観光室商工観光課、2011年）より筆者作成、以下の図、表1～13まで出典は同じ）

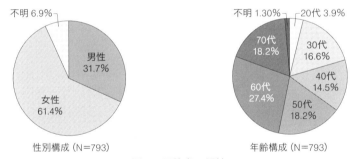

図5　回答者の属性

　商品で、旭川の商業者と善戦している分野と言える。もう一つは、高級衣料品、スポーツ用品、靴かばん、インテリア寝具などの商品で、圧倒的に旭川市内での購入比率が高くなっている分野である。旭川市内には、1975（昭和50）年に開業した売り場面積2万4177m²の西武旭川店があり、かつては丸井今井旭川店と二大百貨店として競い合っていた。その後、イオンモール旭川西が、2004（平成16）年4月に駐車場3100台、売り場面積4万7011m²で開業した。ジャスコを核店舗として131の専門店テナントから構成されるSCで、道内での売り場面積は4番目であった。バブル経済の

崩壊、郊外型 SC との競争激化もあり、リーマン・ショック後の 2009（平成 21）年 7 月に丸井今井は業績不振で倒産し、西武旭川店の売上も低迷した。百貨店を中心とした市内商店街とイオンモール旭川西の購入比率は、商品によって異なり、競合しながらも棲み分けをしていることがわかる。

なお、注意すべきは、こうした旭川への流出は、年齢層によって異なることである。前述したアンケート結果は、回答者が 50、60、70 代で比率が高くなっており、実際の人口構成に対応した比率となっているものの、今後の動向を予測する上では偏りがある。そこで年代によって流出にどの程度の顕著な違いがあるかを確認したのが、以下の表である。なお、この

表 1　実用衣料

(%)	富良野市街地商店街	富良野市内（市街地商店街以外）	中富良野町内（ベストム）	上富良野町内	旭川市のうちイオンショッピングセンター（SC）	旭川市内（イオンSC以外）	札幌市	帯広市（近郊の町を含む）	通信販売（インターネット）	通信販売（テレビ・カタログ）、共同購入、訪問販売
合計	34.8	34.3	4.0	0.0	9.1	11.5	1.6	0.3	1.8	2.7
20代	0.0	10.3	6.9	0.0	20.7	41.4	6.9	3.4	3.4	6.9
30代	3.3	43.0	1.7	0.0	18.2	20.7	3.3	0.0	5.0	5.0
40代	10.6	52.9	4.8	0.0	19.2	8.7	1.9	0.0	1.9	0.0
50代	32.8	41.8	3.3	0.0	4.9	10.7	1.6	0.0	1.6	3.3
60代	62.8	20.5	5.1	0.0	1.9	7.1	0.0	0.6	0.0	2.6
70歳以上	72.7	22.7	3.4	0.0	0.0	1.1	0.0	0.0	0.0	0.0

表 2　高級衣料

(%)	富良野市街地商店街	富良野市内（市街地商店街以外）	中富良野町内（ベストム）	上富良野町内	旭川市のうちイオンショッピングセンター（SC）	旭川市内（イオンSC以外）	札幌市	帯広市（近郊の町を含む）	通信販売（インターネット）	通信販売（テレビ・カタログ）、共同購入、訪問販売
合計	15.6	13.8	0.0	0.0	20.5	32.3	11.5	0.2	3.4	2.7
20代	4.2	0.0	0.0	0.0	29.2	29.2	20.8	4.2	8.3	4.2
30代	3.1	5.1	0.0	0.0	28.6	38.8	14.3	0.0	7.1	3.1
40代	6.9	16.1	0.0	0.0	32.2	27.6	10.3	0.0	4.6	2.3
50代	12.8	23.3	0.0	0.0	18.6	34.9	8.1	0.0	0.0	2.3
60代	28.8	12.5	0.0	0.0	7.7	34.6	13.5	0.0	0.0	2.9
70歳以上	43.9	19.5	0.0	0.0	9.8	17.1	4.9	0.0	2.4	2.4

表3　呉服寝具

(%)	街 富良野市街地商店	富良野市内（市街地商店街以外）	中富良野町内（ベストム）	上富良野町内	旭川市のうちイオンショッピングセンター（SC）	旭川市内（イオンSC以外）	札幌市	帯広市（近郊の町を含む）	通信販売（インターネット）	通信販売（テレビ・カタログ、共同購入、訪問販売）
合計	31.3	23.8	3.8	0.0	6.3	20.1	5.0	0.6	4.4	5.0
20代	15.4	15.4	0.0	0.0	15.4	30.8	7.7	0.0	0.0	15.4
30代	10.0	21.4	4.3	0.0	4.3	34.3	11.4	1.4	10.0	2.9
40代	16.1	23.2	3.6	0.0	10.7	32.1	3.6	1.8	5.4	3.6
50代	30.9	29.4	8.8	0.0	7.4	11.8	2.9	0.0	2.9	5.9
60代	50.6	24.7	0.0	0.0	3.9	10.4	2.6	0.0	2.6	6.5
70歳以上	67.7	19.4	0.0	0.0	3.2	6.5	3.2	0.0	0.0	0.0

表4　靴かばん

(%)	街 富良野市街地商店	富良野市内（市街地商店街以外）	中富良野町内（ベストム）	上富良野町内	旭川市のうちイオンショッピングセンター（SC）	旭川市内（イオンSC以外）	札幌市	帯広市（近郊の町を含む）	通信販売（インターネット）	通信販売（テレビ・カタログ、共同購入、訪問販売）
合計	26.1	24.0	1.6	0.0	15.0	19.6	7.7	0.0	5.0	1.0
20代	3.8	19.2	0.0	0.0	26.9	19.2	19.2	0.0	11.5	0.0
30代	4.4	17.5	0.9	0.0	25.4	25.4	13.2	0.0	11.4	1.8
40代	7.4	31.9	2.1	0.0	21.3	23.4	7.4	0.0	6.4	1.8
50代	25.2	26.2	3.9	0.0	11.7	22.3	7.8	0.0	1.9	1.0
60代	51.7	22.0	0.8	0.0	5.1	15.3	2.5	0.0	0.8	1.7
70歳以上	64.6	25.0	0.0	0.0	4.2	4.2	2.1	0.0	0.0	0.0

表5　家電カメラ

(%)	街 富良野市街地商店	富良野市内（市街地商店街以外）	中富良野町内（ベストム）	上富良野町内	旭川市のうちイオンショッピングセンター（SC）	旭川市内（イオンSC以外）	札幌市	帯広市（近郊の町を含む）	通信販売（インターネット）	通信販売（テレビ・カタログ、共同購入、訪問販売）
合計	23.1	29.5	0.2	0.0	1.1	34.3	5.0	0.2	5.2	1.5
20代	4.2	8.3	0.0	0.0	0.0	66.7	12.5	0.0	8.3	0.0
30代	5.5	20.2	0.0	0.0	0.0	52.3	11.0	0.0	9.2	1.8
40代	6.1	29.6	0.0	0.0	1.0	49.0	4.1	1.0	7.1	2.0
50代	22.7	35.5	0.9	0.0	0.9	33.6	1.8	0.0	3.6	0.9
60代	39.8	30.8	0.0	0.0	3.0	20.3	3.0	0.0	0.8	2.3
70歳以上	50.8	39.7	0.0	0.0	0.0	1.6	3.2	0.0	4.8	0.0

表6 医薬化粧品

(%)	富良野市街地商店街	富良野市内（市街地商店街以外）	中富良野町内（ベストム）	上富良野町内	旭川市のうちイオンショッピングセンター（SC）	旭川市内（イオンSC以外）	札幌市	帯広市（近郊の町を含む）	通信販売（インターネット）	通信販売（テレビ・カタログ、共同購入、訪問販売）
合計	31.0	53.7	1.2	0.2	0.7	3.9	1.9	0.2	3.5	4.4
20代	11.5	65.4	3.8	0.0	3.8	7.7	0.0	0.0	3.8	3.8
30代	9.5	67.2	1.7	0.0	0.9	5.2	5.2	0.0	5.2	6.0
40代	15.3	69.4	1.0	0.0	1.0	3.1	1.0	1.0	5.1	3.1
50代	33.6	49.1	2.6	0.0	0.0	4.3	0.0	0.0	5.2	6.0
60代	47.9	42.3	0.0	0.0	0.0	3.5	2.8	0.0	0.7	3.5
70歳以上	60.0	33.8	0.0	1.5	1.5	1.5	0.0	0.0	1.5	1.5

表7 時計眼鏡貴金属

(%)	富良野市街地商店街	富良野市内（市街地商店街以外）	中富良野町内（ベストム）	上富良野町内	旭川市のうちイオンショッピングセンター（SC）	旭川市内（イオンSC以外）	札幌市	帯広市（近郊の町を含む）	通信販売（インターネット）	通信販売（テレビ・カタログ、共同購入、訪問販売）
合計	47.5	11.4	0.2	0.0	8.7	21.8	7.2	0.2	3.2	0.0
20代	21.1	0.0	0.0	0.0	15.8	42.1	15.8	0.0	5.3	0.0
30代	19.8	11.1	1.2	0.0	18.5	30.9	12.3	0.0	6.2	0.0
40代	41.8	13.4	0.0	0.0	6.0	22.4	9.0	1.5	6.0	0.0
50代	51.9	9.9	0.0	0.0	6.2	27.2	3.7	0.0	1.2	0.0
60代	63.1	11.7	0.0	0.0	6.8	14.6	3.9	0.0	1.0	0.0
70歳以上	71.4	14.3	0.0	0.0	2.0	4.1	6.1	0.0	2.0	0.0

表8 楽器 DVD

(%)	富良野市街地商店街	富良野市内（市街地商店街以外）	中富良野町内（ベストム）	上富良野町内	旭川市のうちイオンショッピングセンター（SC）	旭川市内（イオンSC以外）	札幌市	帯広市（近郊の町を含む）	通信販売（インターネット）	通信販売（テレビ・カタログ、共同購入、訪問販売）
合計	26.9	39.8	0.5	0.0	5.8	11.8	2.7	0.3	10.2	1.9
20代	8.7	43.5	0.0	0.0	4.3	21.7	13.0	0.0	8.7	0.0
30代	5.4	48.9	0.0	0.0	7.6	16.3	3.3	0.0	18.5	0.0
40代	14.1	44.9	0.0	0.0	6.4	15.4	0.0	1.3	14.1	3.8
50代	28.6	39.7	1.6	0.0	6.3	11.1	1.6	0.0	7.9	3.2
60代	54.1	29.7	1.4	0.0	4.1	4.1	2.7	0.0	1.4	2.7
70歳以上	65.6	21.9	0.0	0.0	3.1	3.1	3.1	0.0	3.1	0.0

表 9　書籍文具玩具

(%)	富良野市街地商店街	富良野市内（市街地商店街以外）	中富良野町内（ベストム）	上富良野町内	旭川市のうちイオンショッピングセンター（SC）	旭川市内（イオンSC以外）	札幌市	帯広市（近郊の町を含む）	通信販売（インターネット）	通信販売（テレビ・カタログ）、共同購入、訪問販売
合計	25.4	44.1	1.3	0.0	3.5	17.1	2.1	0.6	5.6	0.8
20代	3.4	27.6	3.4	0.0	0.0	41.4	3.4	3.4	13.8	3.4
30代	4.3	47.0	0.0	0.0	4.3	29.9	3.4	0.0	10.3	0.9
40代	9.3	60.8	2.1	0.0	3.1	16.5	0.0	1.0	6.2	1.0
50代	31.7	42.3	2.9	0.0	4.8	14.4	1.9	0.0	2.9	0.0
60代	44.6	38.0	0.8	0.0	4.1	8.3	2.5	0.8	1.7	0.8
70歳以上	62.2	33.3	0.0	0.0	0.0	0.0	2.2	0.0	2.2	0.0

表 10　スポーツ用品

(%)	富良野市街地商店街	富良野市内（市街地商店街以外）	中富良野町内（ベストム）	上富良野町内	旭川市のうちイオンショッピングセンター（SC）	旭川市内（イオンSC以外）	札幌市	帯広市（近郊の町を含む）	通信販売（インターネット）	通信販売（テレビ・カタログ）、共同購入、訪問販売
合計	22.6	22.3	1.7	0.0	9.0	35.3	3.1	0.3	4.8	0.8
20代	5.6	0.0	0.0	0.0	22.2	44.4	16.7	0.0	11.1	0.0
30代	10.6	14.9	1.1	0.0	14.9	44.7	6.4	0.0	6.4	1.1
40代	12.2	31.7	0.0	0.0	7.3	40.2	1.2	1.2	6.1	0.0
50代	21.1	33.3	5.3	0.0	5.3	29.8	0.0	0.0	3.5	1.8
60代	39.2	23.0	2.7	0.0	5.4	28.4	1.4	0.0	0.0	0.0
70歳以上	66.7	7.4	0.0	0.0	3.7	14.8	0.0	0.0	3.7	3.7

表 11　インテリア寝具

(%)	富良野市街地商店街	富良野市内（市街地商店街以外）	中富良野町内（ベストム）	上富良野町内	旭川市のうちイオンショッピングセンター（SC）	旭川市内（イオンSC以外）	札幌市	帯広市（近郊の町を含む）	通信販売（インターネット）	通信販売（テレビ・カタログ）、共同購入、訪問販売
合計	22.9	19.6	2.1	0.0	4.5	35.5	5.1	0.6	6.0	3.9
20代	11.8	0.0	0.0	0.0	11.8	47.1	11.8	0.0	11.8	5.9
30代	8.1	16.3	2.3	0.0	1.2	48.8	7.0	1.2	11.6	3.5
40代	6.9	25.9	3.4	0.0	8.6	41.4	1.7	0.0	6.9	5.2
50代	26.1	26.1	1.4	0.0	2.9	31.9	2.9	0.0	2.9	5.8
60代	40.5	17.7	2.5	0.0	5.1	26.6	5.1	1.3	1.3	1.3
70歳以上	57.1	14.3	0.0	0.0	4.8	4.8	9.5	0.0	4.8	4.8

表 12　贈答品

(%)	富良野市街地商店街	富良野市内（市街地商店街以外）	中富良野町内（ベストム）	上富良野町内	旭川市のうちイオンショッピングセンター（SC）	旭川市内（イオンSC以外）	札幌市	帯広市（近郊の町を含む）	通信販売（インターネット）	通信販売（テレビ・カタログ、共同購入、訪問販売）
合計	39.2	31.5	2.0	0.0	4.7	13.1	2.3	0.2	5.4	1.8
20代	20.0	10.0	0.0	0.0	10.0	20.0	15.0		20.0	5.0
30代	25.0	21.6	1.1	0.0	8.0	22.7	4.5	0.0	13.6	3.4
40代	24.0	42.7	1.3	0.0	6.7	17.3	0.0	1.3	6.7	0.0
50代	39.8	37.5	3.4	0.0	4.5	8.0	2.3	0.0	2.3	3.4
60代	54.2	32.5	2.5	0.0	2.5	7.5	0.0	0.0	0.0	0.8
70歳以上	58.3	27.1	2.1	0.0	0.0	10.4	2.1	0.0	0.0	0.0

注　なお、網掛けは各年代ごとに上位 2 位まで行っている。

アンケートは、「ご家族の中で、『主に買い物をされる方』が記入」することとしている。

　全体として旭川市内での購入比率が高かった高級衣料、スポーツ用品、靴かばん、インテリア寝具などは、60、70 代の高齢者を除くと、年代による違いはほとんどない。一方、富良野市内の購入比率が高かった時計眼鏡貴金属、呉服寝具、家電カメラは、年代別に見ると顕著な違いが確認できる。すなわち、50 代以上では富良野市内での購入率が高いのに対し、それ以下の年代層では旭川市内で購入する比率が顕著に高くなっていることである。また同じく富良野市内での購入比率が高かった実用衣料、医薬化粧品、楽器 DVD、書籍文具玩具、贈答品についても、医薬化粧品を除くと、20、30 代では旭川市内での購入率が高くなっており、年代によって購入場所が大きく違っており、40、50 代もそうした変化の過度期にあること、したがって年代が若くなるほど、旭川での購入比率が高くなる傾向があり、富良野市内の商業者の将来は決して安泰ではないということがわかる。

　いずれにしても、地域経済循環の視点からすると、旭川など域外へ流出している消費支出を取り戻し、あわよくば地域外からの消費を獲得することは、実際には困難であっても、戦略的に極めて重要であることが理解できる。この方向は第 1 章で触れられているように、マルシェのコンセプト

段階で検討されたが、東大の堀教授によって「こんな町の一等地を使って、あなたたちのやりたいことはスーパーを建てることなのか」と問われ、前述した観光客をターゲットとしたマルシェへコンセプトを変更することになった。またマルシェ開業後に実施された『富良野市中心市街地活性化診断・サポート診断事業 C 型報告書』においても、マルシェに近接しているラルズストアは 1120m² の売り場面積しか有していないために集客力が弱く、本社のラルズ（2002 年にアークス株式会社に商号を変更、合わせて会社分割による純粋持株会社としてラルズ株式会社に営業の全てを承継）と連携しながら、地元市民をターゲットとした商業集積の補強・強化が提案されているのである。

　どちらの方向がより正しい選択だったのかを検証する術はないものの、後知恵で言えば、観光客をターゲットとして、富良野の特産品にこだわり、「とんがった」からこそ、年間 121 万人にも及ぶ来街者の誘客に成功したと言えるのではなかろうか。地域経済循環の視点から重要なことは、域外への消費流出を抑えるか、それとも観光客の落とす外貨を増やすべきか、その選択に当たってはその地域の資源が他地域に比べてどれほど比較優位を有するのか、その価値を冷静に分析し判断することである。外来型開発のタイプに属する SC の誘致は、それを歓迎する自治体であればどこでも誘致が可能であるために差別化が困難で、また競争環境によっては SC の判断で簡単に撤退することもあり得、その効果は長続きしない恐れがあるからではなかろうか。

　他方、ネーブルタウン事業は、「市街地開発事業による商業床の取得により、新規出店舗数の増加及び、小売店舗数の集積を図り、一般市民が歩いて用が足せる利便性に富んだ市街地を創出」することが目的と謳われている。後段が、前述した介護付き有料老人ホーム、認可保育所、クリニック、院外薬局だけでなく、マルシェ 2 内の新規事業者、再開発事業として建て替えた中華料理店、薬局、時計・眼鏡店、菓子店に加えて全天候型多目的交流空間のタマリーバを備えることで、「歩いて暮らせるまちづくり」が志

向されたと考えられる。

　もちろん、まちづくり会社が取得した商業床であるマルシェ2内に新規出店を含む小売店舗を誘致することが目的であれば、その選択肢は多数ありえたはずである。マルシェは、すでに指摘したように、観光客を市街地へ誘客するための「滞留拠点」の整備であり、その成功はマルシェ2の商業施設のテナント構成をどうするか、改めてその再検討を迫ったに違いない。というのは、マルシェのターゲットであった観光客向けの店舗をマルシェ2でも補完・強化する方向以外にも、観光客よりも地元客をターゲットとして流出している消費を取り戻す店舗構成をとる方向が依然として考えられるからである。

　観光客中心の商業施設は、滞留時間が増えれば飲食店の売上は増加するのに対し、ターゲットを地元中心にしている物販店の売上はほとんど変わらない。このため、観光客が増えても売上が変わらないとする地元商店主の反発を和らげるためにも、観光客だけでなく、富良野市民も訪れる商業施設を目指すという目標が再確認されてもおかしくないからである。こうしてマルシェ2のテナント戦略が開始されることになる。

2 中小事業者主体のテナント構成

　2013（平成25）年12月5日を締め切りとして、マルシェの出店希望者に対するプロポーザル方式の募集が行われた。「観光客、地元生活者のニーズに応える新たな商業施設として、物販、飲食、サービス、その他業種業態を問わず、広く募集している」とするもので、具体的には施設内で10店舗前後、ならびに独立型（入口が道路に面して別）の飲食店2店舗であった。プロポーザル方式というのは、提出された事業計画書（企画書、品揃え計画、売上計画、予算など）を基に審査するもので、この段階では小規模店であることは確定していたようである。

　繰り返し指摘するように、地域内の経済循環という視点がない限り、地元の中小店舗だけでなく、大手のチェーン店の出店でも構わないはずであ

る。むしろ、再開発された商業施設の多くは、経営の安定をめざすため集客力を誇る大手チェーン店の出店を歓迎する傾向がある。マルシェ2において大手チェーン店からの出店意向があったかどうかは定かではないが、結果として地元事業者のテナント構成になったことは、「瓢箪から駒」だったのではなかろうか。というのも、前述した富良野の農産物を委託販売する「彩り菜」を始めとして、地元のメロンなどの食材を使ったフルーツスムージーが特色のジュースバー「東山むらかみ村」やこだわりのコーヒーが美味しい「cafe petit petite」など、マルシェ同様、富良野の「食のこだわり」を前面に押し出した「とんがった」店舗が多かったからである。店内にイタリア製のピザ窯を設置した「ピザ製作所 zizi」やおむすび屋「にぎりまんま」、和惣菜の「惣菜日和」は、観光客だけでなく、地元の消費者もターゲットにしていると言える。さらに一見どこにでもありそうな花屋である「はなや日々色」にしても、まちづくり会社が、札幌の路面店で10年の勤務経験があり、開業を考えていた事業者をスカウトしたもので、お客さんの意向を聞きながら、おしゃれに花束をアレンジするやり方が熱烈なファンを作っているようで、いずれも名前だけでなく極めて個性的な店舗となっているのである。

　ただし、期待した生活雑貨については出店希望者が集まらず、ふらのまちづくり株式会社が生活雑貨に服飾も販売する「e-na」を直営することになる。品物は、価格帯の上限を1万円弱とし、「ナチュラルでエコ」をコ

図6　一緒にワークショップを開催している e-na（左）とはなや日々色（右）

ンセプトにして、西本社長、湯浅専務と担当者が東京の総合問屋（6～7割）や地元（3割）を回って仕入れてきた商品である。ナチュラルでエコなスタイルだけに、東京でもどこでも販売している商品であるが、大阪から来た中高年の観光客が「まあ、素敵」と言って喜んで何着もまとめ買いされたそうだ。同じ服でも、陳列してある環境、雰囲気などによって、違って見えるということであろう。同じフロアで販売されているキャンドルや陶器・ガラスは、いずれも富良野在住の作家の作品で、キャンドルはトマムの星野リゾートやホテルで販売されていた作品だという。まさに富良野というブランドイメージが、「ナチュラルでエコ」なスタイルの服に特別の価値を与えたと言うべきであろう。

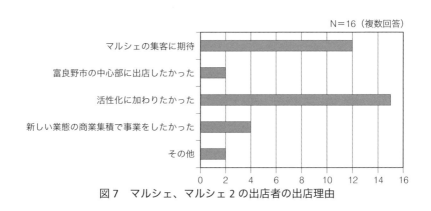

図7　マルシェ、マルシェ2の出店者の出店理由

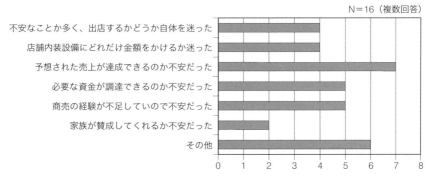

図8　マルシェ、マルシェ2の出店者が抱いた出店に際しての不安や悩み

以上のように、地元事業者という色が濃厚なテナント構成となったことは、「フラノならでは」という地域性をいっそう顕著にさせたことは間違いない。この点は、マルシェならびにマルシェ2（2軒の独立店舗の飲食店を含む）に出店した事業者に対するアンケート調査において、出店理由を尋ねた図7を見ると、「活性化に加わりたかった」(15)という回答が最も多く、単なる金儲けというよりも、マルシェ、マルシェ2の事業の趣旨を理解するとともに、その「集客力に期待」(12)していることが理解される。

　しかし、他方で経験も少ない地元の新規事業者が出店する場合には不安や悩みを抱える（図8）だけでなく、デベロッパーとしても新規事業者がテナントの大半を占めることは売上の確保という観点からはリスクも大きくなる。地元の新規事業者を増やすことは、地域振興にとって「理想」だとしても、実現することは困難なのである。この二律背反を解決するためには、SCのデベロッパーは様々なサポートをテナントに対して行う必要がある。

　受けたサポートとして最も多かったのは、複数回答で「事業計画の策定」(8)、「運営相談指導」(8)、以下「仕入先紹介」(6)「資金調達」(5)が続く。新規事業者が大半を占めていただけに、「事業計画の策定」から「資金調達」、出店後の「運営」まで広範囲に及び、また新規であるだけに取引先の口座がなく、「仕入先紹介」が求められていることも窺える。その効果に

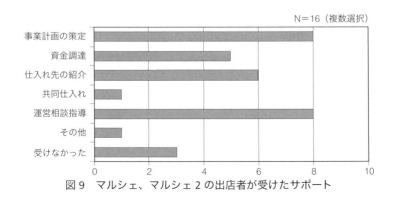

図9　マルシェ、マルシェ2の出店者が受けたサポート

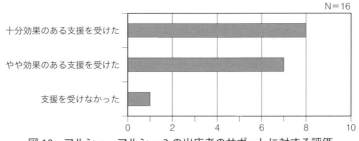

図10　マルシェ、マルシェ 2 の出店者のサポートに対する評価

ついても、「十分効果のある」(8)「やや効果のある」(7) 支援を受けたと
回答した比率が高く、効果的であった言える。何よりも、出店者の大半が
新規事業者であったにもかかわらず、回答の得られた 16 社の中で、開業後
一年間の売上が 1000 万円〜2 億、平均 3700 万円の売上達成を予想してい
るのである。まちづくり会社による最大の支援は商業施設の集客力を高め
ることによって、出店者の事業採算性を上げることと言える。

4 ｜ ふらのまちづくり株式会社の役割

　繰り返し指摘するように、まちづくり会社の役割は、単なる SC のデベロ
ッパーにとどまらない。ネーブルタウン構想では、中心市街地の活性化の
ために、「一般市民が歩いて用が足せる利便性に富んだ市街地を創出」する
ことを目指し、介護付き有料老人ホーム、認可保育所、クリニック、院外
薬局のみならず、2 〜 7 階は住宅を積むことで、居住人口を増やすことも計
画されていた。ここでは、前述したマルシェ 2 に隣接する商店街の既存店
舗の配置転換、建て替えを実現した再開発事業に注目して、まちづくり会
社の役割を説明したい。

1 再開発事業

　ネーブルタウン事業は市街地再開発事業という手法を用いて都市の再生

を行っている。市街地再開発事業とは、事業対象地区に土地、家屋、借家権などの権利を持つ権利者（以下「権利者」）、対象地区に新たに居住または営業を希望する人(法人を含む)（「新規参入者」）、地方公共団体の三者の協力によって都市再開発法に基づき行う事業である。基本的に市街地再開発事業における資金は、土地の高度利用により生み出された新しい建物の床を売却して得られる資金と国や地方公共団体からの補助金で調達される。

　権利者は、事業前における土地、建物、借家権等の資産（「従前資産」）にみあう事業後における資産（「従後資産」）の一部の権利（「権利床」）を得ることとなる。このように従前資産の権利を従後資産の権利の一部に置き換える仕組みを「権利変換」という。しかし、地権者が当該地区における権利変換を望まない場合は、従前資産価格を補償金として受け取ることもできる。権利床以外の部分（「保留床」）は新規参入者等に売却され、市街地再開発事業の資金源となる。

　ネーブルタウン事業における市街地再開発事業は、全員同意型の個人施行という方式で行われており、従前資産の評価方法、保留床の価格決定について比較的自由に設定できる仕組みとなっている。例えば建物の評価額は、評価時での再取得価格から減価償却費を差し引いた金額であるが、減価償却算定における耐用年数を緩和する等で資産価値を高める措置を行うことも可能である。

　地権者全員が権利変換を望み、従後の総床面積から権利床分床面積を差し引いた保留床がすべて売却できた場合、理論的に地権者は追加投資を行うことなく新しい建物を手に入れることが可能となる。しかし、地権者が従前資産より多くの面積の資産の取得を望んだ場合（増床）や、従後資産の面積当たりの価格が従前資産の面積当たりの価格を上回り、地権者が従前と同じ面積の権利床を望んだ場合は、それに応じた負担金が発生する。一方これらとは逆の場合、または、地権者が権利変換を望まない場合は、転出分として従前資産価格と従後資産価格の差に見合う金額、または従前資産価格相当分を補償費として地権者に支払うことになる。この場合、保

図11 再開発事業によって建て替えられた街並み

留床の面積が多くなることは言うまでもない。

市街地再開発事業においては、保留床の売却による資金調達が事業の成否を規定する重要な要素となり、魅力ある保留床を生み出すことが不可欠となる。それがうまくいけば、変換された従後資産の評価額は従前資産よりも高くなり、地権者の建て替えを容易とし、再開発事業を円滑に進めることが可能になるのである。

五条通り商店街のネーブルタウンに隣接した再開発事業エリアでは、建て替え後に場所を移動した店舗もあり、街並みに沿うような配置となっている。また最終的に2軒の撤退が生まれているが、そのうち1軒は高齢化による廃業、もう1軒は店舗の賃貸であったために再開発を機会に撤退したものである。建て替えた店舗は、中華料理店、薬局、時計・眼鏡店、菓子店であり、いずれも年齢が60代を超えている。それだけに、建て替えにあたっては、事業承継できるか、また費用負担がどのくらいの金額になるのかを否応なく考えざるを得なかったと思われる。前述した再開発事業における建物評価の仕組みによって投資負担が軽くなったことを指摘しながらも、その内2店舗は後継者がおらず、廃業を見越して、自分たちは2階に住みながら、賃貸が可能なように店舗レイアウト、電気系統などを別々にできる設計にしたという。残りの2店舗については、後継者がすでに存在したか、建て替えを契機に戻ってきた事業者である。

ネーブルタウンのオーブン後には、マルシェ開業の時よりもいっそう来街者が増え、中華料理店の場合には、調理が追いつかないほどお客さんが押し寄せ、一時的に「貸し切り」の看板を掲げて対応した程であったそう

だ。飲食店や、アイスクリームを販売している菓子店は、観光客が増加したことによって恩恵を受けているが、薬局や時計・眼鏡店の場合には地元客が中心のため、ほとんど売上は変わらないか、薬局では観光客が突発的な病気・怪我などの理由から増えたとしても、10%程度の増加に過ぎないという。店舗によって、観光客の増加を商売に結びつけやすい業種とそうでない業種はあるものの、「地元の雇用が増えると、地元向けの店舗も間接的な恩恵を受けている」という、五条商店街の奈良理事長のコメントもある。今回の再開発事業には参加しなかったものの、五条通り商店街には引き続き駅前に向けて再開発事業を進めていってほしいという機運が盛り上がっているようだ。

　同じ理事長によれば、「病院が移転するときは、皆危機感があった。前はあった空き店舗がマルシェができてから減ってきている。駅前の4階建てのビルが空いたので、急遽なんとかしようという話になっている」というように、中心市街地全体の活性化に向けた事業意欲が高まりつつあると言えよう。ふらのまちづくり株式会社が投げかけたマルシェの波紋は、マルシェ2によって増幅され、さらに範囲を広げて中心市街地全体に向けて進みつつあると言えそうである。

② 身の丈に合った投資

　こうしたふらのまちづくり株式会社の事業は、多額の投資を必要とし、また国の補助金に依存している場合も多いが、最近補助金の存在はかえって商店街の自立性を喪失させ、いっそう衰退させた元凶だという批判が喧しい[3]。確かに、補助金が得られるからと言って、その分事業規模をいたずらに膨らませたり、無駄な機能を追加させたりすることが「愚の骨頂」であることは言うまでもなかろう。しかし、地域の経済循環の観点から言えば、補助金は「外貨」の獲得と同じ効果を持ち、うまく活用すれば、投資負担を軽減させることができ、前述した再開発事業においても事業の採算性を向上させ、前向きな投資を呼びこむ効果を持つのである。しばしば

「身の丈に合った投資」を行うことが重要と言われるが、それは単純に事業規模を小さくするということではなかろう。必要な投資はするとしても、できるだけムダを省くことであり、何よりも持続可能な事業になるように事業内容を厳しく精査し、運営もできるだけローコストで行うことであろう。

こうした発想は、民間企業であれば当然のことかもしれない。ふらのまちづくり株式会社の場合、社長がリクルート出身で青果卸売業の株式会社北印を経営する西本氏、専務はパソコンショップを経営する湯浅氏で、民間企業の経営者としても突出した人達であり、優れた経営センスをもつ経営陣が運営する会社である。これを行政の仕組みを知り尽くした大玉氏が支え、必要とあらば国の補助金を取ってくる「三人組」は、最強のチームである。しかも、2008（平成20）年の増資に当たって商工会議所会頭の荒木氏がわずか1ヶ月弱で7300万円の出資金を掻き集めたという逸話も残っているなど、富良野の民間企業をあげて「まちづくり」に取り組む体制が出来上がっていると言ってよい。そうした民間企業人の気概も反映して、市の出資金は最低の1.2％に抑えられているのである。

全国各地でまちづくり会社が設立され、商業施設を運営する場合でも、土地は無償貸与、建物も賃借、経営が苦しくなると人件費も丸抱えとなる事例も散見される中で、富良野のまちづくり会社は商業施設の管理運営による賃料収入とマルシェ内のサボール、アルジャン及びマルシェ2内のe-naや彩り菜の直営店の経営によって利益を稼ぎ出し、2013年度から4年間連続で株主配当を行うとともに、2016（平成28）年度決算で地代と固定資産税、法人住民税を合わせて市に671万円、グループ全体[4]で970万円を納付しており、まさに優良企業なのである。加えて、正規、パート・アルバイトで25名（グループ会社を含めると51名となる）のスタッフを抱え、こうした従業員の雇用・所得を通じて地域の経済循環に大きく寄与している点も見逃がせない。財務的に自律したまちづくり会社の存在は、環境変化に合わせて事業を臨機応変に展開するなど、まちを大きく変えていく上で不可欠のプレイヤーとなっているのである。

5 ｜ 残された課題

① まちの創発的発展

　中心市街地活性化事業におけるマルシェならびにマルシェ２の成功は、集客機能として予想以上の効果を発揮することで、周辺店舗へも恩恵を及ぼし、新規事業者の出店による空き店舗の減少という効果を生み出しつつある。もちろん、こうした新陳代謝は、新規出店に伴って廃業に拍車がかかり、一時的に空き店舗が増えるという状況も生み出しかねない。しかし、それは生物が絶えず古くなった細胞を新しい細胞に変えることで成長していくのと同じく、不可避的なプロセスと言えるのではなかろうか。まちが動いているという胎動は、新既出店という形で顕在化するものの、将来を見据えた土地の先行取得という見えない形でも起こりうる。そうした胎動が中心市街地のあちこちで起こり、それが連鎖的に反応しながら、変化は大きなうねりとなっていくものと期待される。最初は小さな胎動が、やがて大きなうねりになっていくためには、実際に投資の可否を判断する個々の経済主体が投資に伴う資金・費用よりも収益の方が上回るだろうと期待することであろう。

　中心市街地においていわゆるマルシェ、マルシェ２の効果が及んでいない、取り残された地域をどのように活性化していくかという問題は、この「期待」をどのように膨らませるかという問題である。残念ながら、マルシェ効果は、観光客の増加は飲食店など関連する業種に限定されており、その効果をどのようにそれ以外の業種に広げていくかという課題が残されていることは、繰り返し指摘してきたところである。この問題を解決するためには、いくつかの方法がある。一つは、基本計画の第一期計画の青写真においてもすでに計画され、そして引き続きその実現に向けて努力されている「サンライズ・パーク」計画であろう。すなわち、駐車場をまちなかに整備することで観光客と地元住民を誘客し、そこで自転車や電動三輪車に乗り換えてまちなかを回遊させるものであり、着々と準備が進んでいる。

加えて、周辺にある４階建てビルが空き店舗となったために、急遽これを観光客向けのホステルとしてリノベーションする計画も合わせて模索されているようだ。環境の変化を機敏に察知し、成果が上がると判断すれば、果敢に挑戦していくまちづくり会社のやり方は、まさに民間企業のビジネスマインド溢れたもので、民間企業主導のまちづくり会社の真骨頂とも言うべき動きである。

　これらの集客施設が完成すれば、来街者の動線が変わり、これまでマルシェ、マルシェ２の効果が及んでいない地域を活性化させるのに、絶大な力を発揮することは間違いなかろう。問題は、この事業を誰が行うのか。過去の事業の成功により資金的に余力を持つまちづくり会社が主体となることは当然の成り行きであるとして、老婆心ながらひとつだけ懸念が残るのは、まちづくり会社がマルシェ、マルシェ２に続く、第三の矢、場合によっては第四の矢を放ち続けることが果たして可能なのかということである。必要なテナントでありながら、適切な出店者が見つからない場合は、自ら直営しなければならないであろう。マルシェ内の手作りパンとスイーツのお店「カゼール」にしても、市内に本格的なパン屋が必要と判断したまちづくり会社が札幌の有名店で修業した職人を呼び込んで開業したものである。マルシェ２内の e-na にしても、また別会社である富良野物産観光公社が経営するアルジャンや彩り菜にしても、すべて商業施設のコンセプトを貫くために必要な店舗であったのではなかろうか。

　かつて滋賀県長浜市のまちづくり会社は、中心市街地にある「黒壁銀行」の愛称で呼ばれていた由緒ある銀行の建物を買い取り、これをガラス館としてリニューアルし、多くの観光客を誘客することに成功した。こうして商店街の客層が変わったにもかかわらず、商店街の商業者は新しい客層に合わせて業種・業態を変更することに躊躇していたため、まちづくり会社が既存店舗を賃借したり、買い取ったりすることで観光客向けの店舗にファサードや品揃えを変更、他の店舗の業種転換を誘発することで、商店街の客層を大きく変えることに成功したのである。

このように、商店街が全体としてコンセプトやイメージを変更できるのは、一定規模の商店街の変化が必要であり、それを最初のハード投資からどのように誘発し、連鎖反応を引き起こすかが、戦略的には重要になる。こうした異なる経済主体が自然発生的に反応していくプロセスは「創発的」[5]と呼ばれるが、まちづくり会社が永遠に投資主体となることができないとすれば、多様な主体の投資を誘引するようなビジネス環境を整備することがまちづくり会社の極めて重要な役割と言えるであろう。

② 買回り品の流出をどう食い止めるか？

　以上のような創発的なプロセスにおいて、富良野の中心市街活性化において起爆剤となったのがマルシェ事業であった。期待以上の集客効果を発揮したと言えようが、その位置がまちの中心というよりも、その外側に位置したため、マルシェが成功すればするほど、その集客力を駅前など中心市街地の全域へ回遊させる仕掛けが強く求められるようになったのである。その過程でまちづくり会社が常に悩んだことは、ターゲットを観光客と地元住民のいずれかにするのか、観光客が増加すれば売上が上がる業種がある一方で、地元住民をターゲットとする商店街の既存店舗は、その恩恵をほとんど受けないというジレンマではなかったのか。この後者の問題を解決するために、先にも指摘したように、中心市街地を活性化するありとあらゆるソフト事業を実施し、また回遊性を促進する中間拠点も設けようとしてきたのである。

　この方向は新しい計画も持ち上がり、道半ばであるが、そうした状況で一つの懸念材料は2015（平成27）年3月に開業したイオンモール旭川駅前の存在である。旭川市内では、前述したイオンモール旭川西がすでに出店しており、先に指摘したように、買回り品については、60代以上が富良野の中心市街地で買い物する比率が高いのに対し、今後中心となる20、30、40、50代においてイオンモール旭川西を含め、旭川市内への買い物流出に拍車がかかることが心配されるのである。イオンモール旭川駅は、駅直結

の都市型モールとしてシネマと専門店 130 を擁するとは言え、賃貸面積は通常モールの半分程度で、これまでのモールがターゲットとしていたニューファミリー層よりも若い世代やキャリア層を中心にして特徴を出そうとしているようだ。他方で、同店の出店は 1993（平成 5）年をピークに売上が低迷していた西武旭川店に止めを差すことになり、2016（平成 28）年 9 月末日の撤退を引き起こすことになった。こうした旭川市内の商業の空洞化は、札幌へのにぎわい流出を招くことも懸念されており、商業集積間の競争をいっそう激化させるものと予想される。商業環境の変化は、富良野の中心市街地にとっても、旭川市に流出していた買回り品の消費を取り戻すチャンスと考えることもできよう。しかし、現状のままであれば、少なくとも若年層を中心として今後市外への流出は増えこそすれ、下がることはないのではないだろうか。

　地域経済の循環という視点からすると、地域外に流出している消費に歯止めをかけ、それを一部でも取り戻すには、中心市街地における買回り品、伝統的な時計・眼鏡・貴金属品のみならず、高級衣料品、インテリア寝具、といった業種での魅力をいかに創造していくかという課題も重要になるのである。

③ 富良野スタイル

　中心市街地の活性化は地元住民の生活の利便性や豊かさを実現する手段であり、観光客を中心市街地へ呼び込んで活性化に成功しても、それはあくまで手段であって最終目標ではないという、厳しい見方もありえよう。もちろん、地域経済の循環という視点からは観光産業、さらには農業によって外貨を獲得し、そのお金を地域で循環させることの重要性は、いくら強調しても、強調し過ぎることはない。とくに少子・高齢化によって過疎化が進み、地域経済が縮小していく市町村ではとくに再確認されるべきである。中・長期的には、地域の雇用・所得を獲得する機会を増やすことで、居住人口を増やし、地域経済そのものを活性化させることが戦略的には重

要だからである。

　とは言え、このプロセスは時間がかかるために、中・長期的な視点としては有効であるとしても、流出している買回り品を中心市街地に取り戻すための、より即効力のある仕掛けが求められよう。その一つの方策が、富良野スタイルとも呼ぶべき「ライフスタイル」を背景に商品を販売するやり方である。そこで想起されるべきは、例えば「e-na」という店舗で「ナチュラルでエコ」をコンセプトとした服飾や生活雑貨とともに、富良野在住の作家が制作した雑貨とが一緒に品揃えされ、「売れて」いくという現象である。その理由はなぜかという疑問については、そこに共振するような富良野スタイルとも言うべき価値観＝ブランドを買い手が感じているからではないかということが、一つの答えである。

　富良野在住の雑貨の作家と「はなや日々色」は、しばしば一緒にワークショップを開催しているそうだが、これも「共振」の事例と言えよう。どちらも、日常生活の中に雑貨の作品を置いたり、花を飾ったりすることで、豊かに、おしゃれに暮らすというライフスタイルを提案しているからである。もちろん、「はなや日々色」のターゲットは観光客ではなく、地域住民であろう。しかし、地元住民に対しておしゃれな花束をアレンジする姿は、観光客にしてみれば、まさに富良野の住民のライフスタイルを推測させ、実感できる店舗であるに違いない。一見無関係に見える地元の花屋に観光客は富良野独特の価値＝ライフスタイルを見出していると想像するのは、あまりにも突飛な連想であろうか。

　一方で、前述した「はなや日々色」は、単に仏花ではなく、花を通じて豊かに、おしゃれに暮らすというライフスタイルを地元住民に対して提案していると言える。予想以上の売上を達成しているという事実は、そうした提案が地元住民によって受容されたことの証であろう。このことは、新しい提案を積極的に認め、その価値に共鳴する素地が地元住民にもあったからこそ成功したとすれば、富良野というライフスタイルは、提案者と受容者の相互作用によって生み出されたものと言える。しかも、富良野のと

んがった消費者だけを相手にしていては成り立たなかったビジネスも、観光客の購買によって支えられ一定の売上が確保可能となったと考えることもできる。このことは、縮小均衡モードに陥った中心市街地を拡大均衡モードへ転換していく場合、観光客の需要を取り込むことがいかに戦略的に重要であるかを示唆している。

　なお、富良野のライフスタイルについて言えば、それは「ルーバン・フラノ構想」にまで溯ることができるのではなかろうか。というのは、「中心市街地活性化基本計画」の骨子となる「ルーバン・フラノ」とは、先にも指摘したように、田舎と都市の魅力を併せ持つ「ちょっとおしゃれな田舎町」を目指すという計画だったからである。つまり、富良野は自らのアイデンティティを「ルーバン」と位置付けているが、その背景には倉本聡氏が「北の国から」を通じて創造したイメージ、またそのイメージの創造を可能にする風土や文化的土壌があったからと言える。だからこそ富良野に演劇工房を作りたいという倉本氏の夢も地元で受け容れられ、「演劇を核にして、大人も子供も楽しめる豊かなふるさとを創りたい」という市民の側での文化的欲求と共振しながら、実現されたのである。つまり、富良野は田舎でありながら、都市と互角に、いやそれ以上に太刀打ちできる市民の存在があるのである。言い換えれば、富良野というまちは、単に美味しい農産物が収穫できる「豊かな大地」というイメージのみならず、そこで豊かな自然と文化を享受しながら生きていく、独自のライフスタイルが形成されつつあり、そのことがマルシェ、マルシェ2における観光客の爆発的な人気につながっているように思われる。

　以上のように考えていくと、フラノマルシェ、マルシェ2の開業以降の中心市街地を活性化していく方向は、ターゲットを観光客にするのか、それとも地元住民にするかという二者択一ではなく、中心市街地と市内ならびに地域内の住民との交流をどのように促進し、一方では富良野スタイルへの憧れを、他方では地域住民＝市民がそのことを感じとり、地域への愛着、いわゆるシビック・プライドを醸成していくことではなかろうか。

地域住民と観光客の交流を通じて「富良野スタイル」とも言うべきライフスタイルが意識され始め、確立されるようになると、富良野ブランドは農産物、菓子、飲食などと結びついたブランドの範疇を超えて、富良野のライフスタイルを包摂するブランドへ発展することになろう。その段階では、観光客だけでなく、地元住民もターゲットであり、富良野のライフスタイルを具体的に体現する衣料品、雑貨、花屋など、生活に関連するあらゆる店舗がマルシェ2という施設を飛び出し、中心市街地のあちこちで事業を開始するに違いない。それこそが、富良野のライフタイルを軸にまちが創発的に発展していくプロセスなのである。

注

1　内発的発展論は、鶴見和子『内発的発展論の展開』（筑摩書房、1996）を中心に展開された概念であり、地域住民が主導する、地域の文化・資源に根ざした地域発展のあり方を示している。

2　富良野市経済部商工観光室商工観光課、2011 年。

3　木下斉『稼ぐまちが地方を変える―誰も言わなかった 10 の鉄則―』NHK 出版新書、2015年。

4　グループ会社は、株式会社富良野物産観光公社と商業施設・テナントの管理を行うコミュニティマネジメント株式会社である。

5　加藤司「『所縁型』商店街組織のマネジメント」加藤司編著『商業・まちづくりネットワーク』第 9 章、千倉書房、2003 年。

第6章
フラノマルシェ事業が目指したもの

1 | フラノマルシェはマルシェだけではない

　以上、フラノマルシェの事業を経済的な活動の側面を重視してみてきた。しかし、マルシェ（マルシェ2を含む）は単なる市場（マルシェ）ではない。後に確認するように、事業の進行過程で経済産業省中心市街地活性化室との行き違いを経験するが、その中で「われわれが作ろうとしているのは道の駅ではない」ことを強く確認した。農業王国だからと言って、単に農産物を並べても、ただ農産物の販路を確保するだけである。確かに、農産物はこれまでよりも多く売れるかもしれないが、それ以上に地域経済循環を刺激することにはつながらない。地域経済循環を刺激するためには、高度な加工品を作ることによって第2次産業を刺激し、富良野ブランドを確立する必要がある。それによって地域経済循環に厚みができ、持続可能な地域づくりの基礎を作り上げることができる。富良野の取り組みには、一貫してその姿勢が貫かれている。

　それでもマルシェ自身は商業施設であることに違いはない。しかし、商業施設だけでは観光客をひきつけることはできても、地域の人びとの滞留拠点を確保したことにはならず、まちなかの回遊性を高めることは難しい。実際、富良野がこのマルシェ事業で目指したものは、単なる商業施設としてのマルシェではない。そのことに触れなければ、フラノマルシェの本当の成功要因に迫ることはできない。以下、簡単にその点を見ておくことにしよう。

① 地域コミュニティの再生

　富良野のまちづくりの最大の特徴は事業の目標を「地域コミュニティの再生」に置いた点にあった。コミュニティの重視は 1995（平成 7）年 1 月の阪神淡路大震災以来の大きな流れであり、2006（平成 18）年のまちづくり三法見直しの際にも強く意識された問題であった。しかし、富良野がコミュニティの再生を強調したのはこうした時流に乗ってのことではない。北海道には本州地域とは違ったコミュニティ意識が今も強く残っている。そのコミュニティが、特に中心部の人口減少の中で希薄になってきているという危機感があった。

　地域コミュニティはかつて私たちの暮らしの中で重要な意味を持っていた。「向こう三軒両隣り」「遠くの親戚より近くの他人」などは、コミュニティの重要性を強調する言葉である。農作業を中心に、地域の人びとが共同して生産活動に従事する習慣は、「結い」あるいは「手間替え」と呼ばれた。その延長線上に消費行為を含めた共同体が形成されていた。単独では生活できない人びとが、近隣者同士、お互いに助け合いながら生活を営んだのであった。

　戦後の高度成長期以降、経済が大きく発展する中で市場経済化が進展し、多くのものが商品として市場で供給されるようになった。それに伴って家庭は生産の機能をほとんど喪失して純粋に消費の単位となっていった。核家族化の進展がそれに拍車をかけた。必要なものは隣近所に頼ることなく、市場で簡単に購入することができる。後腐れのないあっさりとした市場関係が、濃密で時にはプライバシーにも踏み込むようなコミュニティの関係を追いやっていった。人びとはそれで「自由」を手にし、鍵一つかけて一歩外に出れば、匿名の世界に入り込むことができるようになった。

　しかし、北海道は事情が違っていた。特に冬場の環境は、一歩間違えば生命にかかわるほど厳しい。自然は無条件に「共生」できるようなものではなく、時に闘い、時に作り替える中で制御すべきものであり、それで初めて「共生」することができる。百数十年前の開拓団に始まる先輩たちは、

見知らぬ者でもともに力を合わせて自然に立ち向かうことの重要性を心と体に浸み込ませた。北海道の人びとにとって、地域コミュニティはまさに埋め込まれた DNA のようなものである。現在もなお、雪かきをはじめとして、地域の人びとが支えあわなければならない条件は、本州地域と比較しても桁違いに強い。かつての地域コミュニティを市場関係に全面的に置き換えることはできない。

『北海道新聞』には地域の人びとの死亡記事が毎日1面を割いて掲載されている。どこの、誰が、何歳で亡くなったか。喪主は誰で、いつ、どこで葬儀が営まれるのか。それは人びとが毎日、必ず確認する重要な情報である。北海道の人びとにとってはそれが当たり前であり、人びとはそれほどお互いを気にしあい、強く結びつけられている。コミュニティは厳しい環境の中で生きていく上で、今も絶対に必要なものなのである。

2 人が住み、交わる場をつくる

オヤジトリオが作成した基本計画は①「フラノマルシェ」構想、②「ネーブルタウン」構想、③「サンライズパーク」構想からなっていた。食をテーマに中心市街地に観光客と地元住民を誘導することを目的とした全体の起爆事業としてのフラノマルシェ、歩いて暮らせるまちづくりの拠点としてのネーブルタウン、その後に取り組むまちなか回遊の拠点としての都市公園サンライズパークへと大きく広がる。単発の事業ではなく、まちを大きく夢に向かって作り替えていく壮大な計画であった。

その中でも本丸事業とされたのがコミュニティ再生を担う第2期のネーブルタウンであった。コミュニティが再生されるためにはただ隣り合う人びとが交じり合うというだけでは不十分である。もう少し広く富良野の人びとが支えあい、交流しあえなければならない。そのためには、どうしても人びとがふれあうための物理的な「容れ物」が必要になる。まさに、これを象徴的に形にしたのがネーブルタウンである。

ネーブルタウンは彼らのいう「非高度利用型面的再開発」（住宅部分7

階建て）として、権利者施設としての店舗・住宅の第1街区、アトリウム、商業施設、共同住宅、認可保育所からなる第2街区、介護付き有料老人ホーム、クリニック、院外薬局からなる第3街区から構成されている。マルシェ2と名付けられた第2街区はこの事業の中心部分であるが、その外側に第1街区が配置される。第3街区は今後確実に進行する高齢化社会に対応するものである。

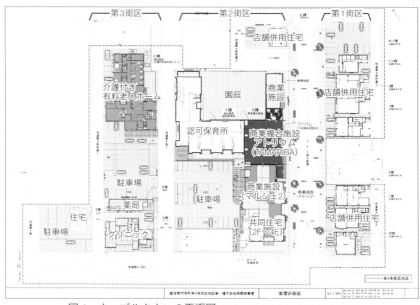

図1　ネーブルタウンの平面図 （提供：ふらのまちづくり株式会社）

図2　ネーブルタウン：タマリーバでのコンサート（写真提供：ふらのまちづくり株式会社　図2,3）

図3　ネーブルタウン：タマリーバ

図4　虹いろ保育所 (写真提供：富良野市中心
街整備推進課　図4〜7)

図5　虹いろ保育所で遊ぶ子供たち①

図6　虹いろ保育所で遊ぶ子供たち②

図7　虹いろ保育所の様子

　第2街区の中でも、アトリウムはこの事業にとって特別の意味がある。冬場の豪雪期になると、特に高齢者は自宅の中に閉じこもりがちとなる。閉じこもりたくて閉じこもるわけではない。交わりを求めながら、厳しい自然によって外出する機会を奪われるのである。そのため、アクセスのよい中心部に、300人収容の全天候型多目的交流空間（399.08㎡）を設置した。「タマリーバ」と名付けられたこのアトリウムは、開設以来、現在に至るまで、様々なイベントが開催され、実際に人びとの交流の場として機能してきた。イベントが開催されていない期間は一般に広く開放され、来街者が自由にこの空間を活用している。この空間によって、地域の人びとは交わりの具体的な場を持ち、外出の機会を手に入れたことになる。アトリウムはまさに近年言うところの「第3の場所」や「縁側」の役割を果たすこととなった。もともと第1期のフラノマルシェの外側の一等地に確保さ

れた中央広場もその役割を果たしていたが、全天候型のアトリウムはその機能をはるかに強化した。

　もう一つ、第1街区の住宅部分について触れておくべきことがある。街区内に建築された18戸のマンションはすべてまちづくり会社の所有する賃貸住宅となっている。分譲住宅は資金を回収できるため、事業者としては事業採算計画を立てやすい。しかし、特に高齢者の場合には新たに住宅を取得するのは難しく、また長期的な住宅の維持管理や将来的な建て替えなどのことを考えると、所有権は単純である方が望ましい。賃貸方式にすれば、それだけまちづくり会社の資金負担が加重されざるを得ないが、それでも第1街区ではあえて賃貸住宅方式を選択した。もちろん、それは金融機関の支援（融資）なしには不可能であるが、北洋銀行、北海道銀行、旭川信用金庫といった地元金融機関がこれを支えた。地元金融機関との良好な信頼関係はまちづくりを進めるうえで極めて重要なポイントとなる。

③ 賑わいづくり、囲い込まない施設づくり

　大規模な開発事業が計画されるとき、ほとんど共通してみられる特徴がある。機能の多くをできるだけ内部に取り込もうとする傾向である。開発が集客による収益事業を抱えるときには特にその傾向が強くなる。その典型は郊外のショッピングセンターで、多くの機能を内部化することによって施設全体の集客力を高めようとする結果、施設は自己完結的なものとなってしまう。

　しかし、外部に依存しない施設は、外部から独立し、内部で完結した施設となり、すべてが内向きに設計される。その施設への来街者は、いったん中に入ればよく整備された空間の中ですべての機能を見出し、施設の外部に出ることなく帰っていく。すべてが内部で、機能的に、便利に満たされる。その限りで、来街者の満足度は高くなる。しかし、外部の影響を受けない施設は、外部に影響を与えることもない。これでは自己完結的な施設づくりにはなってもまちづくりにはならない[1]。他方、まちづくりの観

第6章　フラノマルシェ事業が目指したもの

点からは機能を外に向かって開くことが重要になる。一気につくり上げるのではなく、機能や施設が外部に向かって展開し、多様化し、高度化する中で、時間をかけて形づくられていく。内部に囲い込むか、外に開くか。施設づくりとまちづくりとでは、ハード事業の考え方について大きな違いがある。

　機能と施設を外部化したことでよく知られているのは、長野県飯田市や新潟県長岡市である。巨大な内部完結型施設という点では市庁舎もその典型をなすが、飯田市の場合は伝統的に「現場を持つ課は現場近くに配置」を前提に、市庁舎は市内に広く分散している[2]。また、2012（平成24）年に完成した長岡市の庁舎「アオーレ長岡」も多くの部署を外部に残したまま、内部に広いアトリウム空間を設け、庁舎内に飲食施設を導入しなかった。その結果、市役所職員が昼食時はもちろん、勤務時間中にもまちに出ることが普通の光景となった。

　マルシェの場合も考え方は同じであった。マルシェが外部性を意識したというのは特に次の2点で際立っている。第1は五条通りと国道が交差する敷地のほぼ南東角にあたる部分をそのまま空地に残し、中央部に広場を配置したことである。この部分は通常の土地利用の感覚からすれば、まさに敷地内の「一等地」であり、最も「稼げる」部分と見られるはずであった。それをあえて広場としたのは、「中央にイベント広場、そのぐるりを囲むように配置されたベンチとパラソル、まちなかとしては一見贅沢とも言えるこのゆったりとした雰囲気こそが人びとの心をなごませ滞留へとつなげる」[3]重要な意味を持つと考えたからであった。それによってマルシェは外に開かれ、アクセスの容易な施設となった。

　第2は施設内部に飲食施設をほとんど持たせなかった点である。多くの観光客を引き付けることはこの施設の大前提であった。だとすれば、その観光客に対して飲食機能を導入するのは普通に考えてまったく不思議なことではない。しかし、マルシェはそれをあえて外部化し、周辺での飲食店の展開を期待したのである。実際、このマルシェ開設以降、中心部だけを

とっても、20店の飲食店が開設した。まちが外に向かって広がっていったのである。

　外部に向かって解き放たれる観光客はまちを散策し、思いもよらないものを発見していく。多少の時間は要するものの、メインの施設や通りから離れた個性的な店は「隠れ家」的存在となり、「穴場」として確実な支持者を集めていく。中心部から少し離れただけで家賃が低くなることから、近辺部には魅力的な裏通りや路地が形成されやすく、そこが小さな起業家の培養土となる。その結果、まちに広がりと厚みが生まれ、まちの魅力にも多様性がもたらされる。すべてが計画的に設計されたショッピングセンターにはないまちの魅力が生まれる。かつて、博報堂生活総合研究所はこうした裏通りに誕生する小さな店舗を「スポンジショップ」と呼んで、まちの魅力の大きな構成要素として評価した[4]。

　観光客が訪れるようになると、店の側でも変化が生まれる。商業者の意識が変わり、商品が変わり、店が変わる。まちが動き出す。それがあってはじめて、中心市街地全体としてのまちづくりが具体的に動き出すことになる。拠点施設における機能の外部化は、その最初のトリガーとなる。

④ 事業の連続性と自律的展開の可能性

　「まちづくり」という言葉は多様な意味で用いられる。ここでは中心市街地の賑わい創出という観点から捉えているが、その場合でも、ハード中心の考え方からソフト中心の考え方までさまざまな意味が込められる。その中に唯一の「正解」を見出すことはできないが、確かに言えることはある。ソフト中心のまちづくりと言っても、しっかりとしたハードに支えられなければならず、まちが動き出せばいずれはハード事業を手掛けることになってくる。すでに余程ハード整備が完了している地域でもなければ、まちづくりはいずれかの段階でハード事業に取り組むことになる。

　ソフト事業と比べた場合、ハード整備事業は巨額の資金が必要になるという点とまちの「構造」を変化させるという2点において大きな特徴を持

っている。比較的小さな建物単位の建て替えやリノベーションでも、まちや街区の印象を大きく変えることがあるが、大きな再開発が行われるとまちが一変したような印象を与える。

　それでも、まちの中心部の場合には、大小さまざまな規模があるとはいえ、郊外ほどの巨大な開発になることは稀である。そのため、外部性を意識して、既存の施設と調和しながら、まちに新しい風を吹き込むことが課題となる。しかし、更新された当初は新しい風を起こしても、いずれは慣れられてその効果が薄らいでいく。新規事業の効果がどれほどの期間持続するかは一概には言えないが、規模がそれほど大きくない場合にはせいぜい数年程度に終わることが多い。まちに新風を送り込んだはずの事業が、いつの間にかまちの古い雰囲気の中に溶け込み、飲み込まれ、やがて効果を失っていく。それはハード事業を単独で見た場合の宿命的な姿ともいえる。

　そのため、最初の事業の効果が持続している間に第2、第3の事業を仕掛ける必要がある。その後続の事業が先発事業と関連しながら相乗効果を発揮すれば、その効果はさらに長期化することができる。富良野の計画がマルシェに始まりながら、マルシェで終わることなく、ネーブルタウン、サンライズパークと、後続事業をはじめから組み込んで計画されたことの意義は大きい。先進都市を見渡しても、長浜市、飯田市、高松市など、どこをとっても連続的なハード整備が比較的短期間のうちに行われたのにはそれだけの意味があった。

　では、後継事業の効果もいずれは失われるのだから、結局は次つぎと、終わることなくハード整備を続けなければならず、しかもそれらをあらかじめ計画の中に取り込んでおく必要があるということになるのだろうか。いや、決してそうではない。

　まちは一つの生態系のようなものである。従来のまちは従来のまちで、それなりの循環をし、あるバランス状態を保ってきた。定常系にも似た状態である。一つのそれほど大きくないハード事業ではそのバランスを打ち破るだけの力はないが、いくつかの事業が連鎖的に行われると、従来のそ

れとは違った新しいバランスの形が生まれ、新しいより高次の定常系が芽生えてくる。要するに、まちの循環の構造が変わり、それが安定してくると、それ自身が魅力となり、さらなるハード事業は当面必要ではなくなるようになる。

　そこに至るまでに、どれほどの事業が必要なのかを確定することはできない。だから、それらを事前に計画の中にすべて取り込むことはできない。しかも、この新しい高次の定常系への移行はすべてまちづくり会社のような組織が計画的に担わなければならないわけではない。「まちが変わり始めた」ことが誰の目にも明らかになれば、大小さまざまな民間投資がまちなかに集まるようになる。まちづくり会社の役割として重要なことは、古い定常系、しかも下降気味の傾向を示し始めた定常系に、高次の定常系への移行を促すきっかけを作り出すことである。

　富良野の事業計画はもともと３段階の計画であり、現在まだ第２弾が終わった段階で、これから第３弾が取り組まれるはずである。しかし、それでもすでに新たな民間投資が小さいながらも始まっていることは、すでに第４章で確認した。新たな定常系への自律的な模索が始まったとみて差し支えない。初期に連続した事業に計画的に取り組むことによって、新たな循環を求めての自律的な展開の可能性が開けてきたことの意義は大きい。

⑤ 地元での就業支援

　しかし、まちづくりはただ施設と機能が開かれるだけでは進まない。それを前提とした「経済的」なつながりもまた必要となる。地域経済は、その地域の人びとの収入と支出がそれぞれに絡み合い、交錯しあう中で進んでいく。それが、地域の人びとが支えあうということの経済的な意味である。この側面は既に前章で詳述したが、重要な点であるので簡単に要点を再確認しておく。

　大都市ともなれば、大企業や大工場が多数立地し、それが大量の雇用機会を準備する。しかし、地方都市では多くの場合そうはいかない。富良野

市の場合も同じである。大規模な上場企業があるわけでもなければ、大規模な工場があるわけでもない。ローカルな企業が地元に根ざしながら、堅実に経済活動を営んでいる。

多くの地方都市の悩みは、若者を中心に、大都市への転出が多く、それが人口減少、高齢化を加速する点である。大学を持たない地方都市は、高等学校を卒業した若者を地元に留めることは難しい。富良野も例外ではなく、大学を目指す多くの若者は、札幌、仙台、東京など、大都会を目指して旅立っていく。これを止めることはできず、人口維持の観点からすれば、彼らが将来Uターンするかどうかは決定的に重要になってくる。オヤジトリオの場合、湯浅は地元に帰って起業し、西本は家業の青果卸売業にUターンした。

Uターンを促すことができるかどうか。あるいは、Uターンに限らず、IターンやJターンを刺激することができるかどうか。その際決定的に重要なのが、就業機会が準備されることと、若者がおしゃれな夢を持てることである。後者のおしゃれな夢についてはここではふれないが、「ルーバンフラノ」が「ちょっとおしゃれな田舎町」を打ち出したのは、その意味では慧眼であった。次項で述べる「富良野ブランド」は、この「おしゃれ感」を演出するうえでも大きな役割を果たしている。

さて、就業機会は大きくいって三つある。家業の継承による就業、既存企業等による被雇用就業、自ら就業機会を作り出す創業である。西本は第1の、大玉は第2の、そして湯浅は第3の形態による就業である。地方都市では第2の被雇用就業の機会が限られるため、第1と第3の形態に期待がかかる。

新規創業にとって決定的に重要なことは、市場（販路）が確保されることである。例えばものづくりの場合、新規創業者は自分のこだわりやアイディアによって生産活動そのものについては一定の目安をつけることができやすい。しかし、安定してその商品を販売できる体制が組めなければ、事業を成功させるめどは立たず、創業にまでは至らない。飲食業や小売業

の場合でも事情は変わらない。

　安定した販路を確保する上で重要なことは、仕事（受注）が地元企業の間で循環することである。それによって初めてお金が地域を循環し、人のつながりも確保されてくる。今から30数年前、湯浅が初めて五条通りでパソコンショップを開いたとき、商店街の人びとはお客さんに「俺のよくわからないものを売っているのだけれど、何かあったら、湯浅君の店を使ってあげて」と勧めたという[5]。こうした地元の支援もあって、湯浅は商店街に根を下ろすことができた。お互いがお互いを認識し、確認できる中で経済活動がつながり、積み重ねられていく。仕事と金と人、この三つが地域の中で循環することは、地域経済が持続していく上で極めて重要となる。マルシェ事業は販路を開拓することによって、新たなビジネスの機会を準備するとともに、既存のビジネスに対しても拡張の機会を提供した。

　あわせて、マルシェの工事そのものが地元企業に発注できるような工夫を凝らしていることも忘れてはならない。近年では特に一般入札等による「公平性」が強調され、少しでも安い入札価格を求めて競争をあおる傾向が強くなっている。公金の無駄遣いをなくし、透明性を高めるという意味は理解できないわけではないが、その結果、大都市の大資本が受注することは稀ではない。そうなると末端の下請け事業は地元に残るとしても、事業の主要部分は地域外の業者によって請け負われ、利益もほとんど大資本の本社所在地に吸い上げられていく。工事に関する知識と経験が蓄積されず、資金も流出する。そして、いったん域外に流出した資金は二度と地元には還流してこない。

　それに対して、地元の業者に発注された場合、下請けも含めてかなりの工事が地元で請け負われる。地元企業に支払われた工事代金は、その地元企業の従業者の消費行動を通してさらに他の地元企業に還流し、それがさらに次の還流を生む。地元企業の場合には幾重にも重なるこうした相乗効果が期待できるのだ。公平性と効率性は軽視できないが、単なる入札価格の比較に対してはもう少し慎重な配慮があってしかるべきであろう。

6 富良野ブランドの確立と拡張

　個々の事業規模が小さければ、地域の中で循環するお金はそれほど大規模なものにはならないかもしれない。しかし、それは幾重にも重なって地域の中を循環することによって、地域全体を広く潤していく。その起点となるのは、マルシェの売上高である。マルシェは当初の予想をはるかに上回る勢いで観光客を集めることに成功した。もちろん、富良野市内の消費者をも惹き付けたが、観光客が落とすお金は純粋に「外貨」であり、そこから幾重もの循環が始まった。今まで販路を見つけることができないために商品化されなかったものが商品化され、さらにその可能性が新たなアイディアを刺激する。

　富良野は好感度を持って受け入れられた都市だけに、「ふらの」を冠した商品はすでにたくさんあった。マルシェでの取扱品目でも、現在では2000品目近くにも及ぶ。うち、食品が845品目を占めるが、そのうちの470品目はマルシェオープン以降に導入されたものだという。食品以外の工芸品などは特定できないが、そこでもマルシェ以降に相当の増加があったとみて差し支えないだろう。近年、「地域ブランド」への関心が高まっているが、好感度な地域イメージがブランドを生み、地域ブランドが地域イメージをさらに高める。そのためには、地域名を冠した商品の品質レベルの管理が重要になるが、「農業王国」と言われる地元富良野の豊富な農畜産物を活かした商品開発は、確かな可能性を切り開いている。

　農産物は基本的に大量流通の可能な卸売市場流通に向けて出荷されていく。そこでは、消費地到着までの日数を計算に入れた収穫、農産物の見栄えや大きさなど、市場流通独特の制約があり、その制約を超える実験は基本的にできない。それをカバーするのがマルシェ内に設けられた地産地消のコーナーである。その商い高はけっして大きくないが、購買客との距離の近さから、意欲的な農家に対して消費者の生の反応を伝え、新たな実験の機会を提供することができている。直接数値に現れはしないが、これも明日の富良野ブランドづくりに重要な意味を持つことは間違いない。

富良野ブランドの確立は、富良野を訪問し、マルシェでの買い物を促進するだけではない。富良野で味わった経験は遠く離れた他の地域でも、時を改めて味わうことができる。少なくともその機会は大きく開かれる。東京や大阪といった大消費地を販路として見据えることができる。百貨店等で開催される物産展で絶対に失敗しないのは北海道物産展と言われるが、そうしたイベント頼みではなく、常時安定した販路が開かれる可能性が生まれる。富良野ブランドへの評価が高まれば、さらにはネット通販という新たな販路も視野に入ってくる。マルシェは販路を確保することによって、富良野での生産・ものづくりを刺激する可能性を拓こうとしている。

2 ｜ フラノマルシェ事業を振り返る

① 中心市街地活性化室との行き違い

　こう見てくると、富良野のまちづくりは初めから「成功」を約束されたかのように、一直線に進んできたような印象を与えるかもしれない。事後的な検証では、どうしてもそうなる危険性がある。しかし、それは事実ではない。時どきに関係者の激論はあったし、外部の支援者との間の行き違いもあった。

　2期にわたるマルシェとネーブルタウンの事業には、国から多額の補助金も投入されている。そのことを見れば、富良野が国との極めて良好な関係の下に、スムーズに事業を展開できたように思われるかもしれない。しかし、実際はそうではなかった。特に、中心市街地活性化計画に基づく事業でありながら、経済産業省中心市街地活性化室とは2度にわたって「行き違い」を経験し、2度にわたって「まさか」の苦境に立たされたのである。

　1度目は内閣府の計画認定を受けたうえでの第1期のマルシェ事業であった。これに対して中活室から注文が入り、「計画を根本的に見直さない限り検討に値しない」「富良野にしかできない計画ではなく、他都市にも適用できる汎用性のある計画を」という指摘を受ける。この間の事情は西本

伸顕『フラノマルシェの奇跡』に詳しい（134 〜 137 頁）が、その過程で基本コンセプトは変えないものの、事業内容はかなりの見直しを行っている。その上で、「ここまで妥協して計画が通らないのなら、マルシェ事業はやる意味がない。これでだめなら、補助金はあきらめよう。その気になれば補助金に頼らず自前だってやれるじゃないか」[6]というほどにまで思い詰めている。結果的には、マルシェ事業は国の補助事業として採択されることになるが、まさに「危機一髪」の事態であった。

　補助金を受けての第 1 期事業の成功を受けて、2013（平成 25）年には、第 2 回全国タウンマネージャー会議が富良野市で開催された。これは中活室も深くかかわるイベントで、全国の多くの関係者が富良野に集まり、マルシェの成功を目の当たりにし、スタートしたネーブルタウン事業の話を聞いた。その時点では、誰もが中活室が所管する戦略補助金が活用されるものと信じて疑わなかった。しかし、実際には、ネーブルタウン事業は戦略補助金としては採択されなかった。結果的には、同じ経済産業省の中小企業庁商業課の補助金に救われるが、ここでも際どい綱渡りを余儀なくされた。

　注目を集め始めた都市の注目を集める事業が、補助事業として採択されないというのは、よほどの事情があってのことであろうが、その真相はわからない。しかし、全国的な成功事例と目される中で、ここまで際どく綱渡りを余儀なくされた都市は外にはないだろう。それこそ「モデル」とはなってほしくはない展開であるが、いざとなれば補助金なしでも事業に取り組むという覚悟で、それを乗り越えたところに富良野の本当の強さがあったとは言えるであろう。

② 事業内容とモデル性

　振り返ってみれば、一直線に進んだように見えながら、実際にはいくつもの分岐や危機があった。結果的にはそれらを乗り越えたからこその成功であった。途中の議論や分岐等については、これまでにも引用してきた湯

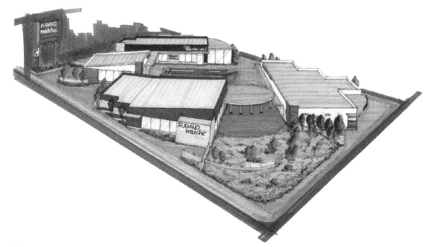

図8　フラノマルシェの4棟構想案 (提供：ふらのまちづくり株式会社)

浅（2013）や西本（2013）に詳しいので、ここではこれ以上立ち入らない。

　ここではマルシェにしろ、ネーブルタウンにしろ、結果的に成功したこの形が、成功の唯一無二の事業内容だったとは言えないという点を確認しておきたい。実際、マルシェ計画は当初、広場の中央部に築山を設ける設計になっており、それをめぐって中活室との間で激しい議論を展開することになった。その過程で、実は中央部の築山は広場に修正され、4棟構想は3棟に縮小されるなど、かなり重要な変更が加えられたのであった。

　歴史に「もし」はない。事業の歩みにも「もし」はない。しかし、もしマルシェの計画に中活室の強い反対がなかったら、事業は当初計画のとおり、中央に築山を配置し、4棟で囲む形となっていたであろう。もしそうなっていたら、フラノマルシェは失敗しただろうか。いや、少なくとも成功とはいえない結果に終わっただろうか。それはわからない。ひょっとすれば、今よりももっと大きな成功を収めていた可能性だって否定はできない。振り返れば一直線に見える事業展開の最先端は、常に現在の時点で無限に開かれ、選択を迫られる。その選択は後戻りすることのできない、非可逆的な選択である。

しかし、たとえ当初の計画通りに事業が行われていたとしても、マルシェ事業が失敗したと考える人はほとんどいないだろう。事業内容が変われば、当然、その後の展開も変わってくる。それでもきっと、失敗することはなかっただろう。その形や程度は変わっても、きっと別の形で成功していたに違いない。そう思うのではないか。

　なぜそう思うのか。地元のまちの危機を見つめ、経験豊かな、背景の異なる3人が厳しい現実を見つめ、真剣な議論を重ね、広く関係者の理解を求めて作り上げてきた計画に、外部のコンサルタントが作成した計画以上の確かさを見、市民の理解と支持の中にそれを実行していく体制の確かさを読み取るからではないか。この2点を欠いては、どんなに素晴らしい事業計画も絵に描いた餅に終わるだろう。

　筆者はしばしば「魂の入った計画」という言い方をしている。事業は成功に向かって一直線に進んだりはしない。必ず「想定外」の事態が起こり、大小の危機が訪れる。成功はそれを乗り越えた先にしかない。危機に直面した時、それを乗り越える力は、計画に思いを寄せた人びとの強い意志であり、みんなで乗り越えようとする組織の力である。富良野の計画はまさに「魂の入った計画」であった。

　事業計画としての絵に描いた餅はいくらでも複製できるし、他都市に適用することもできる。しかし、魂をそれに乗せて移植することはできない。複製された計画がその都市の背景や実情に沿ったもので、広く当事者に覚悟を持って受け入れられたものでなければ、それはいつまでも魂のこもらない絵に描いた餅のままで終わってしまう。モデル性、あるいは「水平展開」や「横展開」が強調されてきた割には、実際に水平展開された成功事例が少ないのはこのためである。

　富良野の取り組みの中には優れたアイディアや手法がたくさんある。しかし、それらをつまみ食い的に他都市に移植することは絶望的に難しい。事業内容や事業手法を取り入れようとするときには、それらを「魂の入った計画」として作り上げた過程、あるいは計画への真の意味での魂の込め

方にこそ、注目しなければならない。富良野の事例はその意味でも多くの
ことを学ばせてくれるはずである。

③ 小さな事業の連鎖反応

　以上、富良野のまちづくりの取り組みを見てきた。中心市街地活性化法
が施行されて20年近くが経過しようとしている。商業を中心としたまち
づくりの取り組みとなればもっとずっと長い。その間、国も自治体も様々
な支援策を準備してきたが、残念ながら成功事例はそれほど多くない。そ
の中で、人口2万3000人弱の小さな地方都市、富良野の取り組みは間違
いなく成功事例であると言ってよい。

　この章を閉じるにあたって、ブラジルの南部の都市、クリチバの市長を
務め、市の大改造に成功して勇名をはせたジャイメ・レルネルの言葉を引
用しておく[7]。

　　　私は、なぜある都市に限って、将来を決定づけるような前向きな
　　変化を起こすことできるのか、今までに幾度となく自問してきた。
　　その答えは都市によって様々であるが、私はそれらの都市に一つの
　　共通点があるように思えるのだ。それは、変化を促す行動が絶妙の
　　タイミングで起こされたということである。そして、その行動が都
　　市を反応させたのである。
　　　計画は一つのプロセスである。しかし、それがいかに優れていて
　　も、それによって即時的に変化を起こすことはできない。都市の変
　　化はほとんどの場合、ある閃きのような行動によって始まり、次第
　　にドミノ倒しのように連鎖反応が広がっていくのである。そして、
　　それが私の言う優れた鍼治療であるのだ。(1頁)

　　　都市のスケールの大小は問題を解決するうえで基本的には関係な
　　い。特に資金が不足しているということは理由にはならない。最も

重要であることは、将来に向けた正しい方針を有していることであり、正しい責任の共有化が図られていることである。必要なのは、一つの象徴的なプロジェクトである。そして、そのプロジェクトに対するしっかりとした考え、望ましい未来のデザインを市民に提示すれば、ほとんどの市民がそれを実現するように力を合わせる。そして、その実現へ向けて力を協働させた過程こそが、市民の自信を育み、都市を前進させる推進力となるのである。(46頁)

　富良野は小さなまちである。富良野にはポテンシャルはあったが、危機もあったし、失敗もあった。しかし、危機を乗り越えようとする強い意識があり、組織があり、人びとの連帯があった。失敗を繰り返さない反省があった。タイミングも幸いした。「ポテンシャルがある富良野で成功しなければ、全国で成功できる都市はない。われわれは成功しなければならない。成功する義務がある」。これは西本伸顕の言葉であるが、そこに彼らの自負が込められている。

注
1　この点を「小売業の外部性」と呼んだが、その詳細は石原武政『小売業の外部性とまちづくり』(有斐閣、2006年)を参照のこと。
2　三石秀樹「官民協働で市街地ミニ再開発やストリートマネジメントを展開」石原武政編『タウンマネージャー』学芸出版社、2013年、141頁。
3　西本2013年、164〜165頁。
4　博報堂生活総合研究所『タウンウォッチング―時代の空気を街から読む―』PHP研究所、1985年、51〜68頁。
5　湯浅2013年、163頁。
6　西本2013年、64頁。
7　ジャイメ・レルネル、中村ひとし・服部圭郎訳『都市の鍼治療　元クリチバ市長の都市再生術』丸善株式会社、2005年、原著 *Acupuntura urbana* は2003年。

終 _章
小さな都市だからできること

1 | 小さな都市でもできた

　以上、富良野のまちづくりについて詳しく検証してきた。その成果を見ると、近年まれにみるような成功事例と言って過言ではないことに、納得してもらえるだろう。たしかに、富良野には観光資源があった。ドラマによって広がった好感度の都市イメージもあった。しかし、観光資源は富良野市の中心部とはほとんど関係がなかったし、好感度のイメージもそれを裏づける現実がなければ、それほど長期にわたって持続するものでもないはずであった。富良野はこれらの資源を巧みに活用しながら、しかし積極的な取り組みによってそれらを未来に向かっての財産として鍛え上げたのだった。

　「富良野には観光資源や好感度イメージがあったから、こんな成功事例を実現できた」というのは、半分はその通りだが、半分は違っているように思う。確かに、資源もイメージもあった。そしてそれを活用した。その意味で、半分はその通りなのだ。しかし、それを活用しようとして取り組まなければ、何も起こりはしなかった。まちの中心部は他都市と同様に、確実に衰退の道を歩んでいた。その流れを変えたのは、富良野の人びとの情熱であり、取り組みであり、積極的な投資であった。資源やイメージがあったから成功したというのが、半分は間違っているというのはその意味においてである。

　まちづくりに取り組む現場、特に小さな地方都市でしばしば耳にするのが「ないないづくし」である。うちのまちには資源がない、資金がない、

人材がいない、等々。要するに「何もない」というのである。本気でそう思っている人が本書を手にすることはないとは思うが、もし本当にそう思うのなら、まちづくりなどに関わらない方が賢明だ。さっさとやめて、何か別の活躍の場を探した方がいい。努力するだけ無駄なのだ。

　本当にそうなのだろうか。小さな都市では、財政面でも、人材面でも確かに制約は多い。それでも、富良野では大成功を収めることができた。各都市には富良野ほどではなくても、それぞれの歴史があり、人のつながりがあり、まちのストックがある。人びとにはまちへの愛着があり、誇りもある。それらを活かす道はあるはずだ。そう考えなければ何も始まらない。

　例えば人口規模を考えてみる。一見したところ、人口が少なければ、優れた人材も少ないようにも思える。しかし、人口が多ければ、それだけ人材が豊富だと単純に言えるのだろうか。例えば、人口規模では富良野市の100倍強の270万人を擁する大阪市には、富良野のオヤジトリオのような情熱的な人たちが300人以上もいるのだろうか。そう問いかけると、例外なく「そんなにいるはずがない」という答えが返ってくる。多くの人は、人材は都市の規模に比例するものではないと信じているのである。いや、実際にはいるのかもしれないが、それでもそんなに強烈な人材は私たちの前に現れてはいない。

　では、逆に、あのオヤジトリオがもし大阪市にいて、そこで出会っていたとしたら、彼らは富良野でしたのと同じような事業をやり遂げられただろうか。そう尋ねてみると、ここでもほとんどの人は「それはできなかっただろう」と答える。情熱を持った有能な人がいてもできないことはあると考えているのだ。それほど、あの3人が富良野という都市と結びつき、事業と結びついているのである。

　このことは何を意味しているのか。どうやら、まちづくりの能力は人に固有のものとして備わり、それがそのまま純粋に発揮されるといったものではなさそうだ。能力の違いを無視することはできないが、能力がどのような現場でもそのまま発揮されるわけではない。能力が現場でうまく発揮

されるかどうかは、多くの環境要因に依存している。そして、間違いなく都市の規模はその環境要因の重要な一つであるはずだ。その視点から、小さな都市の意味を改めて考えてみることにしよう。

2 ｜ 大きな組織の落とし穴

　都市に限らず、会社などの組織一般にも当てはまることではあるが、組織が大きくなると組織の編成原理が変わってくる。まずそのことを簡単に確認しておこう。

　例えば、まちの小さな個人商店を考える。店主が一人で何でも切り盛りし、配偶者や家族がそれを補助するといった構図が一般的であるようだ。ここではすべての業務が店主の肩にかかっている。店主は仕入れから接客、売場管理、経理に至るまで、事業のすべてに関心を持ち、目配りをし、知識を持ち、経験を積む。しかし、事業が少し大きくなると、一人ですべてを背負い込むことはできず、人を雇い、業務の一部を任せるようになる。組織内の分業の始まりである。事業がさらに大きくなると、業務は質量ともに増加するため、さらに多くの人を雇用し、分業が一層進んでいく。分業が進むと専門化が進む。担当者はかつての店主のように何でもすべてをこなすのではなく、自分に割り当てられた業務のみに専念し、その結果、全体の業務はより効率的に遂行できるようになる。分業と専門化、それは組織が拡大するときに経験する必然的な道である。

　組織が巨大化すればするほど、分業はきめ細かくなり、専門的知識も高度化し、細分化されていく。それによって効率化が進むが、その弊害も見えてくる。専門的に特化した人や組織は、その分野だけを見て、全体を見る目がおろそかになっていく傾向が指摘されている。「木を見て森を見ない」状態である。

　もう一つ、専門化が進むことによる弊害は、組織の官僚機構化として知られている。専門化した部署に割り当てられた業務はその部署の専決事項

となり、他の部局からの干渉を許さなくなる。組織の間に壁ができ、専門的業務はその壁に守られて、その中で遂行される。いわゆる「縦割り」である。こうなると、新たな総合的な問題に取り組もうとすると、ものすごく多数の関係者を巻き込まなければならなくなり、組織内の意思疎通と意思決定に大きな負荷がかかることになる。さらに言えば、巨大な組織では、一人ひとりの作業内容が成果に直接結びついて評価されないことも多く、「手抜き」という形でのモラルハザードだって起こるかもしれない。

　組織が大きくなれば人材は豊富で、効率的に業務を遂行できると考えがちである。確かにその可能性は高い。実際、そうなることも多い。しかし、組織の巨大化が副作用を持っているのも事実であり、けっして万能であるわけではない。

　まちづくりは一つの専門的な業務を効率的に遂行するといった性質のものではない。有機的に関連しているまちのさまざまな問題を多面的に考え、それらを現場にあわせて結びつけていく必要がある。そのためには専門的知見は必要であるが、それらを総合する力はもっと重要になる。専門化した個別の領域の効率性よりも、全体の調和を考え、多面的な波及効果を考える必要がある。都市が大きくなればなるほど、それを実現するために巻き込まなければならない関係部局は多くなり、合意形成にかかる負荷は大きくなる。

3 ｜ 小さな都市だからこそできることがある

　もう一度、富良野のまちづくりを振り返る。富良野は人口2.3万人にも満たない小さな都市である。行政内部にしても、大都市の場合のような極度の専門化には至っていない。民間の事業にしても、一人一人がカバーする範囲は広くなる。要するに、分業の目が粗いのである。そのため、比較的少数の人が出会うことによって、まちづくりに必要な総合的な広がりをカバーすることができた。

最初のオヤジトリオの出会いからしてそうであった。職種が違い、得意とする分野が異なる３人が、小さな都市だからこそ出会うことができた。そして、彼らが具体的に動き始めることによって、その効果が外に現れ、理解者を増やしていった。初動がまちの全体に広がっていく速度は、都市が小さければ小さいほど早い。あのオヤジトリオでも、大阪市のような大都市では事業を進められなかったのではないかと多くの人が考えるのも、初動の効果が全体に広がっていく速度に関係している。都市が大きくなればなるほど、初動を全体にまで広げるのに多くの時間とエネルギーが必要となる。

　オヤジトリオの初動の牽引力が強かっただけに、この３人の役割が目立ちすぎるきらいはあるが、もちろん富良野のまちづくりがこの３人だけの力で実現できたわけではない。彼らの働きかけが進むにしたがって、行政内部にも、商工会議所にも、あるいは地元の企業や金融機関、さらには一般の市民のなかにも彼らの考え方を理解し、彼らを支え、行動を共にしようとした人たちがいた。こうした後発隊の存在なしに富良野のまちづくりが進んだとは思えないが、彼らを巻き込むことができたのもまた、小さな都市ゆえの、顔の見える濃密な関係の中に、きめの粗い分業が組み込まれていたからにほかならない。

　大きな都市では何十人、何百人もの人が関わらなければまちづくりは進まないが、小さな都市でははるかに少ない人数で始めることができる。スタートすれば、顔の見える関係の中で、まわりの人たちを仲間に巻き込んでいくこともできる。３人が５人になり、10人になっても、大きな都市ではそれほどの影響力を持つことはできないが、小さな都市では十分に強力な組織となり、力となることができる。小さな都市だからこそ、小さな組織がまちを動かすことができる。第６章でも引用したが、「都市のスケールの大小は問題を解決するうえで基本的には関係ない」というジャイメ・レルネルの言葉を思い出してほしい。富良野の取り組みは何よりもそのことを具体的に語り掛けているように思われる。

おわりに

　最初のきっかけは、2011年11月に石原が北海道地域中心市街地活性化
担当者ネットワーク交流会に招かれたことであった。2班に分かれたワー
クショップのモデレーターを務めたのは富良野から参加していた湯浅と大
玉だった。その見事な進行ぶりを目の当たりにし、懇親会でフラノマルシ
ェの話を聴いた石原は、翌2012年5月に札幌で開催された日本商業学会全
国大会の帰りに富良野に立ち寄った。富良野ではマルシェを見学するとと
もに、西本を含めたオヤジトリオからマルシェに至るまでの詳しい話を聴
いた。それは地方都市の感動的な取り組みに思え、石原はすっかり富良野
ファンになった。
　その頃、大阪では大阪府中小企業診断士協会の主催で「まちづくり大学
院」と銘打った連続講座が開催されており、石原はそのコーディネータを
務めていた。早速、その講師として湯浅を招聘したところ、快諾してくれ
たばかりか、大玉を伴って来阪し、富良野の取り組みを熱く語ってくれた。
主催者の一員であった風谷と富良野の出会いであった。その頃、石原は並
行して『タウンマネージャー』(学芸出版社、2013年) の編集構想を練り
つつあり、湯浅に執筆を依頼したところ、ここでも快諾してもらった。
　富良野から帰阪して間もなく、大玉から送られてきたメールに、マルシ
ェに至るまでの経緯を書いた西本の文書が添付されていた。マルシェの見
学者に配っているとのことであったが、軽妙なタッチ、楽しく、しかし正
確な読み物だった。残念なことに、それは未完で、所どころ空白があった。
石原はぜひその空白を埋め、書物として出版することを薦めた。西本はそ
の要請に応えてくれ、『フラノマルシェの奇跡』(学芸出版社、2013年) と
して結実した。
　2013年10月、富良野で開催された第2回全国タウンマネージャー会議に

石原とともに参加した加藤は富良野の取り組みに感動し、湯浅と大玉に大阪市立大学での講義を依頼した。2人は翌2014年11月、富良野の取り組みを大阪市立大学の学生に講義してくれた。それに先立つ2014年7月、石原、加藤、風谷は夫婦同伴で富良野への私的な旅行をし、大いに歓待を受けていた。

　こうして、富良野との関係が深まる中で、2015年11月、富良野側から「マルシェの取り組みを第三者の目で、客観的に評価してほしい」という依頼が持ち込まれた。フラノマルシェの取り組みを高く評価して来た大阪チームにとっては、それは富良野の神髄に迫ることができる、願ってもない申し出であった。産業連関表を用いた数量的な効果分析も必要となるため、専門家として島田の参画を求め、4人で引き受けることとなった。それ以降、4人はほぼ毎月1回、研究会を開催し、富良野に様々なデータの提供を求めながら、評価の枠組みを議論した。2016年4月には2泊3日で現地調査を行い、商業者を含む多数の関係者にヒアリングを行った。こうして、2016年10月、『フラノマルシェ事業報告書』を提出し、「まち育てフォーラム in 富良野2016」で報告した。

　研究会を繰り返すうちに、4人はその内容が単なる富良野の成功事例の分析というよりも、もっと深部にある地方都市のあるべき取り組みそのものの姿であると考えるようになり、それを出版することに意義があると確信するようになった。本書はその報告書をもとに、一般読者を対象として大幅に組み替え、内容的にも拡充したものである。

　最後になったが、この企画に意義を認め、出版をお引き受けいただいた学芸出版社の前田裕資社長と、編集・校正で大変お世話になった岩崎健一郎氏に心からお礼を申し上げたい。

2017年9月吉日
石原武政

【著者略歴】

石原武政（いしはら たけまさ）　　　（序章、1章、6章、終章 担当）
大阪市立大学名誉教授・前流通科学大学特別教授
1943 年京都市生まれ。神戸商科大学、神戸大学大学院経営学研究
科を経て、大阪市立大学、関西学院大学、流通科学大学各商学部に
勤務。主著に『商業組織の内部編成』（千倉書房、2000 年）、『小売
業の外部性とまちづくり』（有斐閣、2006 年）、『商業・まちづくり口
辞苑』（碩学舎、2012 年）、編著に『タウンマネージャー　「まちの
経営」を支える人と仕事』（学芸出版社、2013 年）などがある。

加藤司（かとう つかさ）　　　（2章、5章 担当）
大阪商業大学総合経営学部教授
1954 年生まれ。1980 年福島大学経済学部卒業。1983 年神戸商科大
学大学院前期博士課程修了。1985 年神戸商科大学大学院後期博士
課程中退。博士（商学）。大阪市立大学大学院経営学研究科教授を
経て現職。著書に『日本的流通システムの動態』（千倉書房、2006
年）、『商業施設賃料の理論と実務－転換期の不動産鑑定評価－』
（共著、中央経済社、2015 年）、『地域商業の競争構造』（共著、中央
経済社、2008 年）、『産業の再生と大都市』（共著、ミネルヴァ書房、
2005 年）、『商業・まちづくりネットワーク』（共著、ミネルヴァ書房、
2005 年）など。

風谷昌彦（かぜたに まさひこ）　　　（4章 担当）
株式会社アズマネジメントコンサルティング代表
1954 年大阪市生まれ。大阪市立大学大学院経営学研究科修了。建
築・不動産会社を経て、1993 年独立。センテクス総合開発株式会社
代表取締役。中小企業診断士、公認不動産コンサルティングマス
ター等の資格を有する。現在、一般社団法人大阪中小企業診断士
会理事長。著書には『商業まちづくり・ネットワーク』（共著、ミネ
ルヴァ書房、2005 年）などがある。

島田尚往（しまだ なおゆき）　　　（3章 担当）
株式会社あかしべ代表取締役
中小企業診断士・博士（工学）・ソフトウェア開発技術者。2003 年大
阪大学大学院工学研究科修了。三菱電機株式会社を経て、2013 年
技術・経営コンサルタントとして独立開業。主に製造業を対象に
企業支援業務を行う。2016 年、株式会社あかしべを設立。

フラノマルシェはまちをどう変えたか
「まちの滞留拠点」が高める地域内経済循環

2017 年　10 月 20 日　第 1 版第 1 刷発行

著　者 ……… 石原武政・加藤司・風谷昌彦・島田尚往
発行者 ……… 前田裕資
発行所 ……… 株式会社 学芸出版社
　　　　　　〒 600-8216
　　　　　　京都市下京区木津屋橋通西洞院東入
　　　　　　電話 075-343-0811
　　　　　　http://www.gakugei-pub.jp/
　　　　　　E-mail info@gakugei-pub.jp

装　丁 ……… KOTO Design Inc. 山本剛史
印　刷 ……… イチダ写真製版
製　本 ……… 山崎紙工
編集協力 ……… 村角洋一デザイン事務所